知的生きかた文庫

仕事も人間関係もうまくいく
放っておく力

枡野俊明

三笠書房

はじめに

人間関係に振り回されない人は、「放っておく力」のある人です。

ＳＮＳでむやみに人とつながりたがることもなければ、友人同士で監視し合うように四六時中メール交換をすることも、誰かを誹謗中傷したり、自分がされたりすることもありません。

人付き合いは数よりも質重視。面識のない不特定多数の人の意見や行動を、上手に放っておける人なのです。

仕事に前向きに取り組める人は、「放っておく力」のある人です。

誰かの顔色をすぐにうかがうこともなければ、周囲の評価をやたらと気にすることも、無用な情報や知識に踊らされることもありません。

自分で考え、判断し、行動する。他人のすること・いうことや、必要のない情報や知識を上手に放っておける人なのです。

毎日を快適に過ごしている人は、「放っておく力」のある人です。

過去の後悔をいつまでも引きずったり、まだ起きてもいない先のことを無駄に心配したりして、自分で自分を苦しめるようなことはしません。

「どうにもならないこと」や「しかたのないこと」「終わってしまったこと」を、上手に放っておける人なのです。

放っておいていいことは放っておく。

そうすれば頭や心がすっきりしますし、目の前の大事なことに集中できます。わずらわしいことを最小限に抑えて、人生をより楽しく、快適に、健やかに生きることができるのです。

世の中には、自分の力ではどうしてもコントロールできないことがたくさんあります。他人のこと、過去のこと、未来のこと……それらは放っておく。そこに心やエネルギーを費やさず、かわりに「いましていること」「いまできること」に全力を傾けましょう。

一切の執着を捨て去ることを意味する「放下着《ほうげじゃく》」という禅語があるように、「放っておく力」を発揮する生き方は、禅的な生き方でもあります。

もちろん仕事や人間関係において、また人生において、放っておいてはいけない問題もあります。放っておくべきものと、放っておくべきではないものをどう見極めるか。そのことも本書でお話ししたいと思います。

本書が、みなさんが「放っておく力」を身につけ、人生をより楽しく、快適に、健やかに生きるための助けになりますことを、心より願っています。　合掌

二〇二一年四月吉日　建功寺方丈にて

枡野俊明

目次

2章

いちいち「気にしない」
——不安・焦り・怒りの手放し方

3章

やたらに「反応しない」
——心をすり減らさない練習

4章

無駄に「疲れない」

——自分で自分を苦しめない考え方

5章

無理に「白黒つけない」
——人生を快適に生きるヒント

編集協力／千葉潤子
本文ＤＴＰ／株式会社 Sun Fuerza

1章

むやみに「関わらない」

——人間関係はもっとドライでいい

1

人生が好転する「放っておく力」

——現代人に必要な「生きるスキル」

いまこその見極めを

「放っておく」という言葉には、あまりいいイメージがないかもしれません。

物事を途中で放り投げる、やらなくてはいけないことをやらずに放置する、不正を見て見ぬふりをする、やりっ放しにしてフォローを怠《なま》ける……そういったことを連想し、無責任のように感じるからでしょう。

その感覚は当たらずとも遠からず。右の意味でなら、「放っておく」ことは好ましいとはいえません。

しかし、世の中には、「放っておいたほうがいい」ことがたくさんあります。とりわけ現代は、自分に降りかかってくる情報が多すぎたり、ＳＮＳの発達により人間関係が複雑になりすぎたりしていて、すべてにきめ細かく対応するのは難しい時代です。

だからこそ必要になってくるのが「放っておく力」です。これはもはや「生きる能力」「生きる技術」といっていいでしょう。

いまこそ「放っておくべきもの」と「放っておくべきではないもの」をしっかり見極めて、上手に生きていくことが求められているのです。

2

そっとしておく

——人間関係に必要なこの力

●「気づかい」と「おせっかい」は違います

たとえば悩みに沈んでいる人がいるとき、どう対応するか。二つに分かれるのではないかと思います。

一つは、何かしら言葉をかけて、元気づけること。

もう一つは、何もいわず、何もせず、そっとしておいてあげることとです。

こういう場合の対応に、正解はありません。ただ私は多くの場合、前者は「おせっかい」、後者は「気づかい」だと思います。

悩んでいるときはある程度、「一人で悩む時間」が必要です。それなのに「ああすればいい、こうすればいい」といわれたり、「元気を出せよ！」と励まされたり、あるいは「気晴らしに飲みにいくか！」と誘われたりしても、気持ちはまったく乗らないでしょう。つらいだけです。迷惑なだけです。

もし、あなたが悩んでいる立場ならどうでしょうか。そんな「おせっかい」をされるより、「落ち着くまでしばらくそっとしておいてもらいたい」と思うのではありませんか？

3

「他人を変える」のは至難の業

――コントロールできるのは「自分」だけ

まず自分が変わる

　時折、奥さま方から、悩みともグチともつかないこんな話を聞かされます。

「出した物は元のところにしまわないし、靴下は脱ぎっ放し。主人は片づけというものをまったくしない。いくらいっても、結婚してン十年、直らないんですよ」

　そんなとき、私はこんなふうに答えます。

「そのン十年、文句をいい続けている奥さまの粘り強さには敬服しますが、ご主人を変えようだなんて、そもそも不可能ですよ。どのみち自分がやらなければならないなら、ご主人のことは片づけの苦手な人だとあきらめたほうが、気がラクですよ」

　こんな些細なことを気にしていては、自分で自分を生きにくくするようなもの。事の大小を問わず、世の中全般、自分の思いどおりになることなどほぼないのです。別のいい方をすれば、「自分の思いどおりになるのは自分だけ」なのです。

　コントロール不能な他人のことは、もう放っておく。そして自分がどう変わればうまくいくかに思考を集中させればいいのです。こちらが変われば、相手の態度も軟化するものです。

4

「半分」わかってもらえれば上等

――四割、いや三割だって十分です

もっと「ドライ」に考えたほうがうまくいく

最近、「自分のことを全部わかってほしい」という願望の強い人が、とみに増えてきたような気がします。ＳＮＳを通して、自分のやっていることを事細かく発信したがるのも、その一つの表れではないでしょうか。

また会ったこともない多数の人と〝ＳＮＳ上の友だち付き合い〟をしたり、ＬＩＮＥなどで互いの行動を逐一報告し合ったりするのもそうです。四六時中、交信することで、「いつでも、どこでも、私のことを気にしていてね。理解してね」というメッセージを出し続けている部分もあるように見受けられます。

そんな切実な気持ちに冷や水を浴びせるつもりはありませんが、自分のことをすべて理解してくれる人なんて、どこにもいません。逆に自分だって、すべてを理解している友人など、どこにもいないはずです。

現実問題、「互いのことを半分でも理解し合える友人」が何人かいれば上等も上等。半分どころか四割、いや三割だって十分だと心得ましょう。不特定多数の人と密な付き合いをしたいと思うこと自体が〝妄想〟なのです。

5

家族といえども「違う人間」

――「わかり合えるはずだ」が不和を生む

◎大事なのは互いの生き方を尊重すること

西洋に「血は水よりも濃し」ということわざがあります。たしかに血のつながりのある家族との関係は、他人よりも強いかもしれません。

けれども、そのことと「家族だから、黙っていても互いを理解し合える」こととは別の話です。家族だって一人一人、性格も好みも価値観も考え方も、すべてが同じではないのですから、一〇〇％わかり合うのは不可能です。わかり合おうとすればするほど、どこかに無理が生じて、逆に不和が生じてしまうのです。

家族関係で大事なのは、「たとえ家族といえども違う人間」と割り切ること。そのうえで、互いの生き方を尊重し合うことです。自分の考え方を押しつけずに、相手の意思を尊重して受け入れ、温かな目で見守ってあげることです。

逆に家族関係で一番まずいのは、家族の誰かが自分には理解できない行動を取ろうとしたときに、頭ごなしに否定することです。互いが「家族なのだから、わかり合えるはずだ」という前提に立つと、こうなってしまうのです。意見するのはいいですが、「たとえ家族といえども違う人間」だということを決して忘れてはいけません。

6

理解できないなら〝放置〟する

——それが夫婦円満の一番の秘訣

どうしてもわかり合えないなら、そのままでいい

「熟年離婚」という言葉が流行するくらいですから、夫婦というのは長年連れ添ったからといって理解が深まるものでもないようです。

前項でも申し上げたように、夫婦だって完璧にわかり合えなくて当たり前。やはり半分もわかり合えれば上々なのです。

結婚するまでに二〇年、三〇年、夫婦はそれぞれまったく違う生活をしてきました。同郷だったり、家庭環境が似ていたり、共通する趣味があったりすればまだしも、共通項が少ない夫婦は特に〝理解率〟を高めるのは大変でしょう。

どうすれば少しでも理解し合えるようになるか。それは、互いの好きなものや価値観、趣味などをすり合わせ、少しでも共有できるものを見つけ出して、それを大事にしていくことです。

その際、どうしても理解できない部分は無理して合わせようとせず、放置しておけばいい。「熟年離婚」を避けるポイントは、理解し合えるレベルを上げることではなく、少しでも多くの共有できる何かを増やしていくことだと、私は思います。

7

職場では「ドライ」でよし

——うかつに深入りしないこと

職場の人間関係は職場で完結

昔の職場には、濃い人間関係がありました。

たとえば、中元・歳暮や年始の挨拶などの儀礼的な付き合いから、運動会や慰安旅行などの行事、お酒を飲みながらのプライベートな部分に踏み込んでの会合……。

いまの若い人なら、そんなわずらわしい人間関係はしんどくて、逃げ出したくなるのではないでしょうか。もちろん、そんな濃い付き合いも悪いことばかりではありません。「同じ釜の飯を食べる仲間」なわけですから。団結力も高まるでしょう。

しかし、「職場では、人のプライベートに立ち入らない」ことを基本にしたほうが、人間関係は断然、うまくいきます。

特にいまは、「ドライ」であることが求められる時代ともいえます。なぜなら、「ウエット」が行きすぎると、そこにパワハラ・モラハラ・セクハラなどのハラスメントが生じないとも限らないからです。

プライベートな話題は、あくまでも「話したい人任せ」にするのが鉄則。自分から根掘り葉掘り聞き出すのはルール違反と心得ましょう。

8

孤立しない。でも群れない

――ほとんどの人は敵でも味方でもない

◎理想的な人間関係とはこういうもの

人間関係でもっとも怖いのは、孤立することです。だから人は、味方を求めて群れたがるのかもしれません。

一方で、群れたら群れたで、その味方の中から敵を見つけ出して、つぶしにかかろうとする傾向があります。

しかし本来、ほとんどの人間関係には敵も味方もありません。場面に応じて力を合わせることもあれば、異なる立場にありながらも敵対せずに切磋琢磨することもある。そういう関係性を持つのが理想だと、私は思います。

とりわけ気をつけるべきは、自分とは意見や考え方が違う人を「敵」と見なさないようにすることです。「敵」と思った瞬間、自分自身の平衡感覚が狂うからです。たとえば敵が成功したら、素直に喜べずに妬んだり、足を引っ張ったりする。逆に敵が失敗したら、「ざまあみろ」と、ほくそ笑む。器の小さい人間になってしまいます。

ここは「敵」ではなく「ライバル」ととらえる。そう認識した瞬間、多くの人と敵・味方なく、切磋琢磨して互いに成長を目指す関係を築いていけます。

9

いちいち顔色をうかがわない

——そこにある「卑屈さ」

いつもびくびくしている人は信頼されない

「こんなことをしたら、怒られるかな?」

「こんなことをいったら、不機嫌になるかな?」

人に不愉快な思いをさせるのは、誰だって嫌です。だから常に相手の立場に立って考え、行動することは大切です。

ただそれが相手を思ってのことではなく、自分のマイナス評価になることを恐れてのことなら、やめたほうがいいでしょう。いちいち人の「顔色」をうかがうことの背景には、相手に合わせようとする卑屈さがあるからです。

しかも「顔色」をうかがう相手には、いろいろな人がいます。どう接すればどう反応するか、まちまちなのです。一〇人いたら、それぞれに気に入られるよう振る舞うために、一〇人分の自分が必要になるではありませんか。

そんなことをしていたら、とても疲れます。どれが自分の本当の顔なのか、自分でもわからなくなるし、逆に、相手に不信感を持たれる結果となります。相手によって変わらない自分の顔。それこそが、本当の信頼関係を築く鍵になるのです。

10

見守ることに徹する

——子どもにも、部下にも、それがいい

◎気持ちはわかるけれど、そこはガマン

子どものやること、なすこと、気にくわないのか、口やかましく注意する親がいます。同じように、部下のやること、なすこと、危なっかしくて見ていられないのか、口うるさく指示を出す上司がいます。

どちらも「成長を願う〝親心〟」かもしれませんが、そんなふうでは子どもも部下も自分の頭で考え、行動する能力が育ちません。

気持ちはわかります。しかし、そこはガマン。余計な口出しをせずに、黙って見守りましょう。そうやって接するほうが、子どもも部下も成長します。

もちろん「このままではまずい方向に行きそうだな。危ないな」と感じたら、介入してもOKです。「ちょっと方向性がズレてるよ」とアドバイスするなどしてください。また相手から相談されたら、「自分ならこうする」といった形でアドバイスします。そしてまた見守るのです。

「余計な口出し」というのは、するほうも、されるほうも、ストレスになるもの。上の人は「見守る」ことに徹するようにしましょう。

11

「一人の時間」を豊かに過ごす

――「さびしい」だけで人とつながらない

◎「西行」のように生きてみたい

スマホ時代に入ってこの方、人が孤独に弱くなっているように思えてなりません。いつもそばにいておしゃべりしているかのように、チャット的にやりとりすることに慣れてしまったせいでしょうか。一人で時を過ごすことのさびしさや、何もしないことのヒマさに耐えられなくなっているようにも見受けられます。

それは非常にもったいないことです。なぜなら「孤独に過ごす」のは、大事な時間だからです。来し方行く末を考える、自分の振る舞いについて自問自答する、社会で起きている現象と自分との関わりを分析する……そうしたことをあれこれ、一人静かに考える。周囲に誰かがいる限り、そんな〝孤独時間〟は持てません。

日本人は古来、豊かな自然の中で、一人静かに暮らすことを最高のぜいたくとしてきました。平安末期から鎌倉初期に生きた歌僧、西行《さいぎょう》なんかの生き方は、その最たるものでしょう。

私たちも意識して、自分自身を見つめる〝孤独時間〟を持ちましょう。そのぜいたくな時間がよりよい生き方を醸成するのです。

12

「できないものは、できません」

――「断る力」を身につける

〝便利屋さん〟になってはいけない

先輩でも後輩でも、仕事をたくさん抱えて、アップアップになっているならば、手伝ってあげる。それは職場の仲間として当然の行為です。ただし自分も手一杯という状況なら、その限りではありません。自分の仕事量と締め切りを計算して、なんとかなりそうなら手伝ってあげる、という判断でよいでしょう。

そんなふうに状況判断で「断る」ことのできる人はいいのですが、どの会社にも「断るのが苦手」な人がいます。そういう人はときに自分の仕事を犠牲にしてまで、人の仕事を手伝うことさえあるのです。

やっかいなのは、周囲に「あの人は何を頼まれても絶対断らない」と思われてしまうことです。図々しい人はそこに付け込んでくるので、断れない人は〝頼まれ仕事〟の山に悩まされることになります。「便利屋さん」扱いされてしまうのです。

その危険がある人は、「頼まれたことを断ると、嫌われるかも」という思い込みを捨てましょう。それに頼まれた仕事も自分の仕事も中途半端になったら、元も子もありません。だから、「できないものは、できません」とはっきりいえばいいのです。

13

「ご縁」に従う

——そうすれば、人生はうまく回る

◎心が軽くなる考え方・生き方

「ご縁」という言葉は人間関係でよく使われますが、仕事も日常の細々したことも、すべて〝縁もの〟。私たちは「ご縁に導かれて行動する」ことで、人生はうまくいくようにできているのです。

逆にいうと、誰かと、何かとうまくいかない場合は、「縁がなかった」ということ。たとえば入学できなかった学校や、就職できなかった会社、契約が結べなかった事案、打ち切りになった仕事、スケジュールが調整できずに断らざるをえなかったオファー、親しく付き合うところまではいかなかった人……。

これらは、単に「縁がなかった」だけのことなのです。そう考えると、すっきりしませんか？　心が軽くなりませんか？

それにご縁に逆らって、無理やり何か事を進めたところで、うまくいきません。たとえば実入りのいい仕事が入っても、すでにお受けした仕事があるなら、そちらを優先して断るべきでしょう。損得勘定に従うと間違えます。ご縁に従えば間違えることはありません。人生がうまく回るのです。

14

損得勘定に溺れない

——その思惑は、うまくいきません

◎「二元論」で考えがちな人たちへ

いいか・悪いか、好きか・嫌いか、面白いか・つまらないか、簡単か・難しいか、評価されるか・されないか……何事も「やる・やらない」を判断するとき、人間はどうしても「二元論」で考えがちです。

とりわけ仕事では、取り組む前に無意識のうちに「評価が上がるかな」「将来のプラスになるかな」といった損得勘定をしているのではないかと思います。

しかし「損得勘定」というのは、自分の思惑どおりにいかないのが常。たとえば、「簡単すぎてつまんない仕事だな。うまくできても評価されないし、やるだけ損だ」と思っても、その仕事が大きなチャンスにつながる可能性はゼロではありません。

逆に、「これはおいしい。うまくいけば給料アップ、昇進が望める」と、算盤をはじいた仕事でも、トラブル続きでうまくいかないことも多々あります。

大事なのは、いただいた仕事がなんであれ、「ひと工夫加えて〝自分色〟に染めて仕上げる」ことです。そのひと工夫が評価されて、きっといい結果がもたらされるでしょう。

15

SNSに使われない

――ネットは不毛な争いで溢れている

しょせんツールであることを忘れるべからず

いまや、一国の大統領や首相までもが、ツイッターなどのSNSを活用する時代。日常の細かなことから、国の一大事まで、SNSで発信しています。もちろん自由に発言できる場として、SNSは大変すばらしいツールだと思います。

ただ一つ苦言を呈しておくと、便利なツールを使いこなせずに、逆に使われてしまう場合が多々あるということです。特に危険なのは、顔が見えない分、発言に配慮がなくなるので、いわれてはいい返し、いい返してはまたいわれ、と争いがどんどん熾《し》烈《れつ》化する恐れがあることでしょう。それは不毛な争いですから、ある程度距離をおいて、むやみに関わらないことが重要です。

また拡散される情報の中には、悪意を持って捏造《ねつぞう》されるフェイク・ニュースが混じっています。その種の情報は特定の人を理不尽に誹謗中傷したり、世の中の不穏な動きを助長したりする場合がなきにしもあらず。情報の受け手のほうに「フェイクを見抜く目」を持つ必要があります。SNSはあくまでもコミュニケーションのための単なる「道具」と割り切り、上手に使いこなすことが求められます。

16

「謙虚に、謙虚に、謙虚に」

――〝自慢合戦〟はやめましょう

◎無意識に「上から目線」になっている人

人の会話で自慢話の占める割合は、相当高いのではないでしょうか。

どうも人間は「自慢したがる生き物」のよう。それも「周囲から高く評価されたい」気持ちの表れかもしれません。

そんな〝自慢グセ〟が高じると、「根拠のない自信」がつくのでしょうか。自分はまわりの人たちより優秀だとか、センスがいいとかグルメだとか思い込んでしまう部分があるようです。

いまはSNSを介して〝自慢合戦〟に拍車がかかっているので、なおさら「無意識のうちに『上から目線』になっている」人が増えているように感じます。

これはあまりいい傾向とはいえません。なぜなら「上から目線」の人は、人に対する態度が高圧的で、尊大なために、周囲の恨みを買いがちだからです。

まず自慢合戦をやめる。そして、自分の言動が無意識のうちに「上から目線」になっていないかを常にチェックし、危ないと思ったら「謙虚に、謙虚に、謙虚に」と自分自身にいい聞かせましょう。

17

〝上機嫌の輪〟を広げる

――もっと上手に人を褒めよう

○手っ取り早い「褒めポイント」

褒められて悪い気のする人は、まずいません。どんなに嫌な人でも、褒め言葉を会話の糸口にすると、意外と良好な関係が築ける場合もあります。互いの間に〝上機嫌の輪〟のようなものができるからです。

とはいえ、どこを褒めればいいのかは、少々難しいところ。トンチンカンなポイントだと「そこ?」とシラけるし、見え透いたお世辞は嫌味な印象を与えてしまいます。よく知らない相手だとなおさら〝褒めポイント〟を見つけるのは大変です。

手っ取り早いのは、洋服や持ち物など、シンプルに「見た目」を褒めることです。

「ステキなネクタイですね。お似合いです。どこで買ったんですか?」

「そういう柄のスーツ、私も大好きです。地色のグレーがまたいい感じですね」

「いつも靴、ピカピカにお手入れされていますね。〝靴の男前〟も上がりますね」

といった具合。ただのおべんちゃらにならないよう、〝褒められて然るべきポイント〟を見つけて、さり気なく褒めてみてください。的外れでない限り、「褒め言葉」は必ず人間関係の潤滑油として機能してくれると思います。

18

私情を挟まず、感情を入れず

——それが、「嫌いな人」とうまくやるコツ

●嫌な面には目をつぶってしまうのも一法

プライベートなら、好きこのんで嫌いな人と付き合う人もいないでしょう。「接点を持たない」ことで、十分に対応できます。

困るのは、仕事上の付き合い。「あの人は嫌いだから、付き合わない」というわけにはいきません。かといって「この人、嫌いだな。付き合いたくないな」と思っていると、それが顔や態度にも出て、うまくやっていくのが難しくなります。

では、どうすればいいか。ここはもう、割り切るしかありません。「仕事をうまく進めて、いい結果を出す」ことだけを考えて付き合えばいいのです。

あと、嫌いな人とうまくやっていくには、コツのようなものがあります。嫌いな人だと思うと、余計に嫌なところが目につくようになるので、そこは見ない、聞かないようにするのです。嫌な言動が出てきたら「あ、はじまったな」程度に軽く受け止め、そのまま流す。あるいは可能なら、話題を変える、席を外すなど、やれることはいろいろあります。とにかく私情を挟まず、感情を入れず、仕事上の付き合いだけに徹すれば、うまくやっていけるはずです。

19

「去る者」を追わない

――淡々と見送ればいい

◎人との出会いは「自然の巡り合わせ」に任せる

ともに仕事をした仲間が、会社を辞める。

ともに厳しい練習に耐えてきた仲間が、チームを去る。

三日にあげずともに酒を酌み交わした仲間が、転勤で遠方に行ってしまう。

どんな形であれ、親しい人との親しい時間がなくなってしまうのはさびしいことです。去る者の背を追いかけていきたいくらいの未練が残るかもしれません。

しかし禅に、「去る者を追わず」という言葉があるように、別れのつらさ・さびしさを引きずることなく、淡々と見送るまでのことです。そもそも付き合いが途絶えてしまうのは、結ばれた「縁」が切れただけのこと。場合によっては復活することもあるし、どういうわけか切れない「腐れ縁」みたいなものもあります。

この「去る者は追わず」と同じくらい大事なのは、「来る者は拒まず」という姿勢です。自分と接点を持った時点で、それは大切な「ご縁」なのです。縁は人為的にコントロールできるものではありません。いうなれば「自然の巡り合わせ」ですから、あれこれ深く考えず、「去る者は追わず、来る者は拒まず」でいいのです。

20

「過去の栄光」にさよならする

――さっさと次のステージに移ろう

◎上手な「引き際」の見極め方

どんな上り坂にも、「上りはここでおしまいですよ」という地点があります。

人生も仕事も同じです。

何もかもうまくいっていても、ずっと上り調子が続くわけはありません。どこかの地点で、下りに転じます。

特に仕事においては、その「どこかの地点」がいつなのかを自分で見極め、引退を決めないと、力は衰える一方で、やがて「過去の栄光」にすがるしか、生きる術がなくなってしまいます。

そうならないよう、自分なりに目標を達成し、一応の成功を見たら、そこを「成功の臨界点」と見定めましょう。

「もっとがんばれるかも」なんて未練はすっぱり捨てて、さっさと身を退《ひ》き、新しい挑戦課題を見つけるのがいいと思います。

何事も「絶好調のときこそが引き際であり、新たなステージに進む頃合いである」ということを覚えておきましょう。

21

〝マイナス人間〟に注意する

――「あいづちを」を打つだけでも危険

◎できるだけ〝物理的な距離〟を取る

マイナスの感情を自分の中で処理せずに、周囲を巻き込む人が少なくありません。

たとえば大声で怒鳴り散らして、まわりの人間を不愉快にさせる。

会う人、会う人に不機嫌な表情を向けて、嫌な思いをさせる。

誰かれかまわずグチをぶちまけて、困らせる。

否定的な意見を並べて、みんなのやる気を削ぐ。

そんな状況に遭遇したときは、マイナス感情の発信源に近づかないのが一番です。

よく「いちいち真に受けて関わり合うのは面倒だから、適当にあいづちを打っておく」というような対応を取る人がいますが、何も発言せずとも、関わったのと同じこと。やらないほうがいい。あいづちを打ったが最後、〝敵〟はあなたを味方とみなし、より強い渦の中に引っ張り込むからです。

マイナスの感情を発している人がいたら、いち早く気配を察する。

そして、物理的な距離を取りましょう。「ちょっとトイレ」などといってサッと逃げるのも一つの方法です。

2章

いちいち「気にしない」

――不安・焦り・怒りの手放し方

22

「わからない」ならもう考えない

——心配事を〝先取り〟するべからず

◎問題はそのとき、その場で対処すればいい

不安が生じる根っこには、「いくら考えてもわかるはずのないことをわかろうとする」欲望があります。その最たるものが、「未来への漠とした不安」でしょう。「未来」はある程度予測できるかもしれませんが、現実にそうなるかどうかはわかりません。「限りなく一〇〇％に近い確率で起こる」ことが起らなかったり、逆に「一二〇％ありえない」ことが起こったり。どれだけ多くのデータをそろえ、どんなに時間をかけて綿密に考えても、「当たるも八卦《はっけ》、当たらぬも八卦」です。

もちろん未来に起こりそうな心配事があるなら、いま打てる手を打つべきです。けれども何が起きるかわからないのなら、いたずらに未来のことを心配しても意味はありません。そんなヒマがあったら、いま目の前にあることに持てるエネルギーのすべてを注いだほうがいい。いまできることに集中して取り組めば、心配していたその未来が変わる可能性だってあるのです。

何が起こるかわからない未来のことを、いま不安に思ってもしょうがない。現実に問題が起こったときに必死にやるしかないのです。

23

〝忘れ上手〟になる

――それが「心の健康」を守ってくれる

●心のゴミ、ためていませんか

一説によると、「忘れる」ことは人間の自己防衛本能だそうです。たしかに、日々生じる嫌なことを、いちいち覚えていたら、心が押しつぶされてしまいます。

昔から「喉元過ぎれば熱さを忘れる」といわれるように、人間は何があっても、時がたてば、そのときに味わった嫌な思いを忘れるようにできているのです。

ただし瑣末《さまつ》なことはどんどん忘れてしまうに限りますが、自分に都合の悪いことや、将来の糧にするべき失敗をどんどん忘れるのは感心しません。覚えておかなければいけないことは、心からすっかり消し去るというよりも必要に応じて出し入れできる〝記憶の引き出し〟に預ける感覚を持つといいのではないかと思います。

何か忘れたいけれども忘れてはいけないことがあったら、とりあえずそのときに生じた嫌な感情ともども味わい尽くす。そのうえで「よし」と〝記憶の引き出し〟にしまったあとはきれいさっぱり忘れるのがいいでしょう。

忘れたいことは、ため込めば〝心のゴミ〟になり、〝記憶の引き出し〟に分ければ成長のための原資になります。ちゃんと分別しましょう。

24

もっと「ラクにかまえる」

――「他人の期待」とちょっと距離を取る

◎粛々と自分がやるべきことをやる

上司から「期待してるよ」などといわれると、「がんばらなきゃ」という気持ちになるでしょう。

それはいいのです。けれども「期待に応える」ことが強迫観念のようになってしまうと、身も心も縛られます。思いどおりに行動する自由を奪われてしまうのです。

そうなってしまっては、期待に応えるどころか、焦りが先に立って、なかなか結果を出せずに苦しみます。そもそも「期待に応えたい」という願望が必ずしも現実になるとは限らないのですから、そうやって自分で自分を苦しめてはいけません。

もっとラクにかまえること。そもそもあなたに期待したのは、上司の勝手です。あなた自身はそれとは関係なく、目の前の仕事に粛々と取り組むだけのことです。

がんばった結果がたまたま上司の期待に応えるものであればよし、そうでなければ「次はもっとよくしよう」と考える。そんなふうに「他人の期待」とは、ちょっと距離をおくといいでしょう。期待する他人と期待される自分との距離が広がれば、背負い込む期待の重さは軽くなります。

25

「いい人」の仮面を外す

——「素の自分」を見失う前に

◎仮面のかぶりっ放しは、とても危険

当たり前のことですが、仮面をかぶると、その下にどんな顔があるのか、どんな表情をしているのか、まったく見えません。

極端な話、極悪人がすごい形相でこちらをにらみつけていても、仮面が笑顔で声の調子が穏やかであれば、「柔和ないい人」に見えるのです。「本性を隠せる」という意味において、仮面は非常に便利なものといえるでしょう。

現実に仮面をかぶらないまでも、自分の正体や本心を隠すために、見せかけの表情や言動で取りつくろうことはできます。それもまた仮面の一種でしょう。

誰だって、周囲に「いい人」に思われたいもの。だからつい「いい人」の仮面をかぶってしまう。その気持ちはわかります。ただかぶりっ放しはよくない。自分でも「素の自分」が何を考え行動しているのかわからなくなってしまうからです。

最近は実際に対面していなくとも、ＳＮＳで四六時中、誰かと交流しているせいか、ほぼ一日中、この手の仮面をかぶり続けている人が増えているような気がします。それは、危険なこと。自分ではなく仮面の人生を生きることになってしまいます。

26

「平均」を調べない

――その比較ほど不毛なものはない

◎どうしても比較をしたいなら――

誰かと比べて自分のほうが下だと思うと、けっこう落ち込みます。逆に、誰かと比べて自分のほうが上だと思うと、ちょっといい気になる。人間というのは、そういうところがあります。

「人並み以上でありたい」と思うから、「平均」より下だと不安になり、上だと安心する部分もあるのでしょう。

いずれにせよ「平均」と比較するほど不毛なことはありません。万人の価値を正確に測ることのできる〝物差し〟がない以上、あれこれ比較したところで優劣などつけられないのです。

一〇〇歩譲って、どうしても比較したいなら、「絶好調のときの自分」と比べてください。そういう比較なら、成長のモチベーションになります。

いまの自分のレベルが絶好調時に比べて低い場合は、もっとがんばる。「絶好調のときの自分」を超えるレベルに達した場合は、それを新たなベンチマークにして、もっとがんばる。そんないい循環をつくることができるでしょう。

27

「世間」を気にしたら負け

──「統計データ」にだまされないこと

◎「平均的な生き方」など、ありません

「平均」について前項から続きますが、マスコミでは連日のように、さまざまな統計データを発表しています。たとえば年代別・会社別の年収の平均値とか、結婚年齢は平均何歳、マイホームを購入するのは平均何歳、年代別・平均貯蓄額はいくら、老後を豊かに暮らすための資金は平均いくら……それだけ「平均値」を知りたい人が多いのかもしれません。

しかし「平均値」は、あくまでも「平均値」。自分が目指すべき生活レベルの指針にはなりえません。それでは「人並み以上に見られることを、人生の目標に据える」のも同然。あまりにもむなしいではありませんか。

「私はこういう生き方をしています。それが平均値かどうかは知りません。平均的に生きたいわけではないので」と、世間を気にせず、自分の価値観に従ったほうが、よほど自由で楽しい人生を生きていけます。そもそも平均的な生き方などないのですから。統計には、人々の考え方や消費行動を都合のいい方向にあおる、という一面があります。そんな〝統計マジック〟にだまされないようにしてください。

28

人との「違い」を面白がる

——そうすれば、卑屈にも傲慢にもなりません

◎互いの個性を大切にするとは、こういうこと

あなたには、幼い頃からしみついた〝比較グセ〟のようなものがありませんか？

それは無理もありません。みんな、物心ついた頃から、テストの点数や足の速さ、手の器用さなど、周囲の子たちと比べられてきましたからね。

前項で「誰かと何かを比べるのはやめましょう」といいましたが、それでも「気がついたら、誰かと何かを比べている自分がいる」人もいるでしょう。

そのくらい〝自動思考〟が強い場合は、比べたあとに自分自身に、こういい聞かせてみてください。

「優劣じゃなくて、違いなんだよね。あの人のああいうところは、自分とは全然違うよね。まったく面白い」

そうすると、自分自身にも他人にはないところがあって、面白いものだと気づきます。「みんな、個性があるからこそ、それを生かすことが大切だ」と気づくのです。

そこに至れば、優劣をつけて卑屈になることも、傲慢になることもなくなります。

「違いを楽しむ」ことは、人間関係をよりよくする知恵でもあるのです。

29

約束は「破られて当たり前」

——それくらい〝クール〟に考える

◎「諦観」というより「鷹揚」に

「裏切られる」ことには、大きく分けて二つのパターンがあります。

一つ目は、約束を破られることです。たとえば「あれだけ締め切りを守れといったのに、まだ何もやってないとは何事だ！」とか、「次の飲み会には必ず参加すると約束したのに、またドタキャン？」といった場合がそう。約束を守ると信じていた、その信頼を裏切られるかっこうです。

二つ目は、こちらが過度に期待したために、そのとおりの結果にならないことで裏切られる場合です。こちらのほうが〝裏切られた感〟は強いかもしれません。

いずれにせよ、「裏切られた」と感じるかどうかは、こちらの問題です。右の例でも、〝裏切ったほう〟にしてみれば、「約束したけれど、できなかったんだから、しょうがないよ」「勝手に期待されても、できないことはできないよ」というようなもの。「裏切った」という意識はないことのほうが多いのではないでしょうか。

ここは諦観《ていかん》、というより鷹揚《おうよう》に、「約束は破られて当たり前」「期待は裏切られて当たり前」くらいの気持ちでいたほうがいい。心を乱されずにすみます。

30

「まぁ、そんなこともあるさ」

——この一言でラクになる

予期しないことが起こるから人生は面白い

生きていれば、いろんなことが起こります。「予期しないこと」ばかりです。けれども一度経験したら、最初は「予期しないこと」だったのが、ある種の「経験知」となります。

「まぁ、そんなこともあるさ」

と余裕で受け入れることができるようになるのです。

昔からよく「年を取ると、人間が円くなる」といわれますが、それもさまざまな経験を積んだ結果、何があっても「まぁ、そんなこともあるさ」と受け入れられることが増えるからでしょう。

そもそも人生を生きるとは、シナリオのない芝居を演じるようなもの。「予期しないこと」の連続だからこそ、自由にアドリブを繰り出しながら演じる面白さがあるのではないでしょうか。

ですから何か予期せぬことが起こったら、とりあえずこうつぶやきましょう。

「まぁ、そんなこともあるさ」――この一言でラクになります。

31

自分を盛らない

――小細工すると、よけい人に笑われる

◎等身大の自分を直視する

ＳＮＳの世界では、「盛る」のが当たり前のようですね。自分の顔一つ取っても、素顔がわからないくらい〝いじる〟ことがごく普通に行なわれています。実際に知り合い同士なら、「盛る」のも遊びのうちなのでしょう。

それはいいとして、問題は無意識に「自分をよく見せたい。人からよく思われたい」という気持ちが働いて、メッセージに〝ウソの盛りつけ〟を、あるいは写真や動画に〝ウソの小細工〟をしてしまうことです。

なぜ問題かというと、「盛る」ことを続けている限り、いつまでたっても「ありのままの自分」が成長しないからです。別のいい方をすれば、「いくら盛ったところで、中身はまったく変わらない」ということです。これはある意味、怖いことです。

もう、そんなことにエネルギーを注ぐのはやめましょう。自分ではまわりに笑われまいとやっていることが、逆に「あの人、盛るのに必死だよね」と笑われる結果にならないとも限りません。それよりも自分の内側に目を向けて努力を続けましょう。それが本当の意味で自分を「盛る」ということです。

32

比べるなら「昨日の自分」

——自己評価の主体を変える

●もう「他人の目」を行動基準にしない

「盛る」心理について、もう一つ。事実を「盛る」とき、その基準は「他人の目」にあります。つまり「自分がどう見るか」より、「まわりからどう見られるか」を軸においていて、行動を決定するわけです。

少しうらやましがられる、あるいは自慢になることを発信すると、「いいね！」が矢のように降ってくる。そんな現象もあります。それはなかなか気分のいいものかもしれませんが、事実を曲げて自分を表現したところでむなしいだけ。現実とのギャップが大きくなり、やがて行き詰まるか、落ち込むかすることは目に見えています。

自分は自分以上でも以下でもありません。誰かと比較せず、世間の価値観とは関係なく、「あるがままの自分」を見て、人にも「あるがままの自分」を見せていけばよいのです。

本日より、自己評価の基準を「他人の目」から「昨日の自分」に変える。そして「昨日できなかったことが今日できるようになる」ことに喜びを見出していきましょう。少しずつ「あるがままの自分」に磨きがかかっていくはずです。

33

「してあげたこと」はその場で忘れる

──「恩に着せる」と厚意も台無し

◎「見返り」を求めると「苦しみ」が返ってくる

私は常々、「何か人の力になってあげたとき、恩着せがましい態度を取るのは感心しませんよ」と申し上げています。このことを肝に銘じるのにいい言葉があります。「受けた恩は石に刻み、与えた情は水に流せ」

自分がしてあげたくて、親切やお世話をしたのなら、もう何も望むことはないはずです。それなのに「見返り」を期待すると、自ら「見返りを得られない苦しみ」をつくることになってしまいます。

たとえば「いい仕事を紹介したのに、お礼の言葉一つもないなんて不愉快だ」「自分が困るとすぐに泣きついてくるくせに、こっちが困ったときは知らんぷりかい。勝手が過ぎる」といったことはよくあります。そんな嫌な思いをしたくないなら、やってあげたことはその場で忘れるに限るのです。

ただし自分が親切やお世話をしてもらったなら、感謝の言葉を返すことをお忘れなく。そして「何かのときに相手の力になろう」と強く心に誓い、実行する。人とのご縁を大切にするとは、そういうことです。

34

常に「わが身を振り返る」

――「自分もまた勝手だった」と気づく

ともに満足できる道を探る

世界の指導者の言動を見ていると、「平和な世の中は夢のまた夢だな」と暗澹《あんたん》たる気持ちになります。みんなが「自国ファースト」を主張しているように思えてならないからです。

もちろん国益のために働くのが政治家ですから、「自国ファースト」は当たり前ですが、それだけでは世界中の国々が〝共倒れ〟になる危険があります。世界が関係性のうえに成り立っている以上、「他国がよくならなければ、自国もよくならない」のが道理。ともによくなる道を探ることが平和を実現する道なのです。

この考え方は、仏教の「中道」の意味するところです。個人レベルでも同じこと。立場によって異なるメリット、デメリットはあっても、互いに譲り合い〝痛み分け〟しながら、まぁまぁ満足できる解決策を探していくことがポイントになります。

残念ながら、近年は、行きすぎた「自分ファースト」が増えています。人の身勝手な行動を非難する前に、まずわが身はどうかを考えてみてください。それで「自分もまた自分勝手だった」と気づけば、人間関係もいい方向に改善されていきます。

35

支えてくれた人に感謝する

——自分一人の力など、たかが知れている

どんな仕事にも「縁の下の力持ち」がいる

どんな職種にも、「一人でやる」仕事というものはあります。たとえばセールスで、一人でお客さまを訪問し、契約にこぎつけるときがそう。また企画書とか提案書、報告書、会議のレジュメ、議事録、プレゼン資料など、各種書類も「書く」「つくる」という作業だけを抜き出せば、「一人でやる仕事」です。

けれども一つの仕事が、その「一人でやる仕事」だけで完結することは、ほとんどありません。資料を用意する人やチェックする人、書類の提案を実行する人など、いろいろなスタッフがいてはじめて完遂できるのです。

そういった視点に立つと、自分一人でできる仕事など、たかが知れています。それなのに何かにつけて「その仕事は私がやった」「その成果は私のがんばりがあってこそ」と、自分の力を強調したがる人がいます。それは、みっともないことです。

どんな仕事もまわりの手助けがあって、あるいは受け入れてくださる発注先があって成り立っていることを忘れてはいけません。彼らはいわば、「一人でやる仕事」を支えてくれる「縁の下の力持ち」。感謝の言葉をしっかりと伝えましょう。

36

「ちょっとの差」なんて気にしない

——それは、しょせん「どんぐりの背比べ」

むしろ「大きな差」を努力目標にする

上司と部下の関係では、年齢差が小さいとうまくいかないもののようです。ライバルであるうえに、上司としては「負けるわけにはいかない」、部下としては「上司面をされたくない」気持ちが強くなるからかもしれません。

その点、年齢差が一〇歳・二〇歳あれば、互いをライバル視する度合いが小さくなります。上司は「まだまだ負けないよ」と余裕があるし、部下のほうも「勝負にならない」と一目置くところがあるからです。

仕事の知識やスキル、ポジションにおいても、同じことがいえます。「ちょっとの差」だとより強く負けん気が働き、差があること自体、気になってしょうがないのです。これが大きな差になると、「勝つのは無理」となって、気にならなくなります。

しかし本来、逆ではないでしょうか。「ちょっとの差」なら、どうでもいいではありませんか。「どんぐりの背比べ」のようなもので、気にするほどのことではありません。それよりも「大きな差」を気にしたほうがいい。そこを努力目標とすれば、少しずつでもその差を埋めようという努力を促すことができます。

37

〃笑い話化〃の達人になる

――ポイントは「熟成」させること

●人生、たいがいのことは「笑ってすます」ことができる

苦しかったこと、つらかったこと、悔しかったこと、悲しかったこと、失敗したこと……普通に話せば、聞く人の気持ちを重くするような出来事を、笑い話にして語るのが上手な人がいます。話している本人も、そのときに感じた嫌な思いを笑いに変えて吐き出すことで、気持ちがラクになる部分もあるようです。

ただし心にマイナスの思いが広がるような出来事を、起きた直後に笑い話にするのは難しいでしょう。もしできたとしても、聞いた人は笑ってくれません。「笑ってすませる気か。懲りないやつだな」などと嫌悪感を持たれるだけです。

ポイントは、嫌な出来事が起きてから数日間、嫌な思いを味わい尽くしながら「熟成させる」こと。これができるとワインのように、苦々しさしかなかった出来事も、まろやかな味わいに変わっていきます。と同時に、生々しさがなくなって、〝笑い話化〟しやすくなります。

どんなに嫌な出来事も笑い話にしてしまえば、嫌な思いを引きずらなくてすみます。人生、たいがいのことは「笑ってすます」ことができるものです。

38

「後悔」をやめて「検証」する

——失敗を活かす一番の方法

結果だけでなくプロセスに目を向けよう

気持ちがマイナスの方向に引っ張られるのは、だいたいが過去の「失敗」がらみのことでしょう。

「あんなことをしなければよかった。いわなければよかった」
「こんな判断をしなければよかった」
「こっちの道を選ばなければよかった」

終わってしまったことは、もう消しゴムで消せないとわかっていても、事あるごとに後悔の念が浮かんでくる。そんなことがよくあります。

大事なのは、思考の方向を「後悔」から「検証」へとシフトすることです。

「あー、まずいことをしちゃったな。でも、何がまずかったんだろう。よし、プロセスを見直してみよう」

というふうに考えた瞬間に、「失敗した過去」は、「未来に失敗しないための経験知」ととらえることができます。

そうすれば、いい形で「過去」を引きずることができるのです。

39

〝不用品〟を処分する

――モノを捨てれば心も軽くなる

◉それは増えすぎた中性脂肪のようなもの

新型コロナウィルスの感染拡大を受けて「ステイホーム」の日々が続く中、家中の不用品を一気に処分した人がけっこういらしたようです。

それはある種「不幸中の幸い」というべきか、とてもよいことでした。処分するときには「もったいない」という感情がともなうかもしれません。しかしひるんではいけません。家の中に不用なモノをため込めばため込むほど、心もどんどん重くなっていくのです。

不用品はいうなれば、「体に不調をもたらす、増えすぎた中性脂肪」のようなものなのです。

洋服ならたとえば、三つに仕分けする。「三年間、一度も着ていないもの」と、「三年間に一、二度着たけれどそんなに気に入っているわけではないもの」「着る機会は少ないけれど気に入っているもの」というふうに。前者二つは、どんなに高価なものであろうと、いつか着る可能性があろうと、処分してしまうのが一番です。そうやって不用な服を処分するだけでも、心がぐんと軽くなります。

40

「捨てる」のではなく「手放す」

――モノの命を生かしながら処分する工夫

◎「捨てる」と「手放す」は微妙に違います

捨てるのはもったいない――。

とはいえ、捨てないまでもただ「しまっておく」だけなら、あまり変わりはないですよね。

〝モノの命〟という観点で見れば、「捨てる」も「しまっておく」も、「生かされない」意味では同じだからです。

では「手放す」だと、どうでしょうか？

自分の手を離れても、それを必要とする人の手に渡れば、その〝モノの命〟は救われます。

ですから、可能ならフリーマーケットで売ってもいいし、寄付してもいいし、友人・知人に譲るのもいいでしょう、〝モノの命〟を生かしながら、手放すことを考えるとよいかと思います。

そうすれば、「捨てる」ことに対する罪悪感が軽減されるし、家から不用品の山がなくなることで心が軽くなるし、一挙両得でしょう。

3章

やたらに「反応しない」

——心をすり減らさない練習

41

いちいち「真に受けない」

——「無神経な人」への対処法

◎「この人、どういうつもりなんだろう?」と思ったら——

相手がどういうつもりで話しているのか。

言外にどんな意味をにじませているのか。

人の話というのは「言葉どおりではない」ことがよくあるので、つい真意を探りたくなります。

その言葉の真意がどこにあるのかを、顔色や口ぶりから探るのはいいことだと思います。言葉にしなくとも、表情や声の調子には心の状態がにじみ出ますからね。そこを「汲み取ってあげる」ことは大切です。

しかし世の中には、深い意味もなく、思いついたことをポンポン口にする人がけっこういます。それで人を傷つけることなどおかまいなし。たいがいは「無神経な人」のように思います。

そういう人の言葉は、真に受ける必要はありません。心ない言葉を無責任にいいっ放しにするような人の発言には、そもそも意味なんてないのです。反応するだけ無駄と心得ましょう。

42

情報の入り口を時々ふさぐ

――心の平穏に欠かせない習慣

●目と耳を開きっ放しにしない

見たくないもの、見なくていいものが見える。

聞きたくない声、聞こえなくていい声が聞こえる。

知りたくないこと、知らなくていいことを知る。

そして、それに「反応」してしまう。

「情報社会」には、そんな側面があります。情報を幅広く、大量に得られていいように思うかもしれませんが、それも程度によるでしょう。

私たちの耳目《じもく》にふれる情報がすべて正確なもので、しかも仕事や人生に必要なものであるならまだしも、大半は違います。真偽が疑わしかったり、自分にとってどうでもよかったり、不安をかきたてられたりするものも少なくないと思います。

だったらなにも、世の中に発信される情報を、あれもこれもと必死に収集する必要はないのではないでしょうか。

それをよく考えて、ときには情報の入り口である目を閉じ、耳をふさぐことをおすすめします。この習慣を持つと、ずいぶん心が平穏になります。

43

情報の〝暴飲暴食〟をしない

――情報ともソーシャル・ディスタンスを

現代人に必要不可欠な生活スタイル

いまは、情報が〝機銃掃射〟する勢いで、無数の人々に襲いかかってくる時代です。ぼーっとしていたら、いつの間にか、自分にとってなんの関係もなければ、必要性もない有象無象の情報の山に埋もれてしまいかねません。

新型コロナウィルスの感染が拡大する中、人と人との「ソーシャル・ディスタンス」が話題になりましたね。

現代人は、情報とももっと距離を取ることを考えたほうがいいのではないでしょうか。

日常生活で、要不要、軽重に関係なく無差別に〝情報シャワー〟を浴びていると、無自覚に〝暴飲暴食〟していると、そのうち、自分にとって一番大切な時間とエネルギーが無駄に消費されてしまいます。

欲しい情報、必要な情報は自分から取りに行く。

情報とはそのくらいで、ちょうどいい「ソーシャル・ディスタンス」が取れると思います。

44

簡単にぶれない

――人の意見を聞くときの鉄則

なぜ、他人の価値観に振り回されてしまうのか

相談してもいないのに、こちらの行動にあれこれ口出ししてくる人がけっこういます。単純に親切心からなのか、どこかに自分の思いどおりに人を動かしたい気持ちがあるのか……いずれにせよ、耳を貸すほどではない場合がほとんどでしょう。いちいちまじめに受け止めていたら、体がいくつあっても足りません。

「なるほど、あの人のすすめるように、こうしてみようか。でもこの人は反対のことをいってるな。えっ、そんな方法もあるの？　……どうしたらいいか、わからない」

というふうに、頭の中がこんがらがるし、行動も定まらないのです。

そうならないようにするためには、人の意見や考えを聞く前に、自分の価値観を明確にしておく必要があります。「自分はこういう目的で、これを最重要課題としてやっていく」という〝ぶれない軸〟をつくっておくのです。

そのうえで周囲の意見・考えを「ご親切にありがとう」と受け取り、自分の中ではいったん保留にする。そうすればいたずらに他人の価値観に振り回されることなく、いい形でアドバイスを参考にすることができると思います。

45

堂々と「それ、知らない」という

――「時代遅れ」といわれてもいい

◎知りたいなら「教えて」というだけ

情報がこれだけ豊富に、手軽に得られると、自分がどれだけたくさんの情報を知っているかを誇示する傾向が強まります。

結果、多くの人が〝量自慢〟に走ります。ＳＮＳという情報発信の場が整っているので、なおさらその手の自慢が際限なく垂れ流されている感があります。

それはいいとして、問題は、受け手一方に回ってしまうことです。ＳＮＳ上のやりとりでも、日常の会話でも、何かの情報に「あ、それ、知ってる」とすぐに反応できればいいのですが、そうでないと妙に居心地の悪い思いをさせられるのです。「えー、知らないの？」などといわれて、世の中から取り残されたような、仲間外れにされたような気分になるからです。

ここは、さまざまな方向から飛んでくる、「これ、知ってる？」攻撃から身をかわすしかありません。変にいじけず、恥じず、堂々と、「知らない」といいましょう。

そうして知りたいと思えば教えてもらい、知らなくていいと思うなら受け流す。それもまた、情報との間に取るべき「ソーシャル・ディスタンス」だと思います。

46

「焦るな、焦るな、焦るな」

――心を鎮めるシンプルな〝呪文〟

お坊さんだって怒るときはあるけれど――

誰にでも、頭にカーッと血が上るときはあります。侮辱されれば自尊心が傷つくし、身に覚えのないことで非難されれば「ふざけるな！」といいたくもなるでしょう。

しかし相手に「怒り」をぶつけたところで、何も解決しません。自分を傷つけた失礼な輩と同じ土俵でケンカをしてもむなしいだけです。

怒りを三秒で落ち着かせる、とっておきの方法をお教えしましょう。次のような言葉を三回、呪文のように唱えるのです。

「ありがとさん、ありがとさん、ありがとさん」

「焦るな、焦るな、焦るな」

「待てよ、待てよ、待てよ」

「大丈夫、大丈夫、大丈夫」

など、どんな言葉でもOKです。

これは、私が故板橋興宗《こうしゅう》禅師に教わったこと。お坊さんだって怒りますが、怒りに任せず、ちゃんとブレーキをかける術を心得ているのです。

47

「浪費」に気づく

——「やらなくていいこと」はこんなにある

◎仕事・作業をスリム化しよう

新型コロナは私たちから「当たり前の日常」を奪いました。

しかし一方で、「当たり前過ぎて気づかなかった、現代社会の抱える無駄」をあぶり出してくれました。もっといえば、「やらなくてもいい、どうでもいい仕事・作業」にかなり多くの時間を浪費していたことに気づかされました。

たとえばテレワーク・リモートワークをやってみて、どうでしたか？

「どうしてもやらなくてはいけない会議や打ち合わせって、意外と少ないんだな」

「対面でやっていた仕事の一部は、リモートで置き換えられるな」

「通勤スタイルは改善の余地がありそうだな」

など、さまざまな「気づき」があったと思います。一言でいえば、それは、「大事な仕事とどうでもいい仕事の仕分けができた」ということです。

この際、「どうでもいい」あるいは「大幅に頻度を減らしてもいい」とわかった仕事・作業についてはどんどん手放していってはいかがでしょうか。浪費をなくし、大事なことに使う時間をぐんと増やすことができそうです。

48

余計なことに首を突っ込まない

――もっと「目的的」に行動する

◎「おせっかい」や「安請け合い」をしていませんか

自分にとって、何が大事なのか。

自分の持てる力で、どこまでできるのか。

この二つをわきまえていないと、いろんなことに首を突っ込むことになります。

仕事なら、優先順位を考えずに、「いま、やらなくてもいい」仕事をせっせとやる。自分にはやるべき仕事があるのに、人の仕事に不必要に立ち入る。自分の力ではとてもできないことを安請け合いする。

また人間関係なら、自分とは関係のないところで生じたトラブルにまで口を出し、事をいっそう複雑にする。頼まれてもいないのに、おせっかいをやく。

そういったことをしていると、いくら時間があっても足りないし、心身のエネルギーも消耗してしまいます。

自分にとって大事でないことは「どうでもいいこと」、自分にできないことは「やってもしかたのないこと」。

そう割り切れば、もっと目的的に行動できます。

49

くれぐれも慎重に発言する

——それが、賢い人の態度

◎知ったかぶり、聞きかじりが炎上のもと

誰かから聞いた話やテレビで見たこと、SNSで話題になっていることなど、聞きかじった情報を軽々しく口にするのは感心しません。

それも他人の問題に介入する形で、真偽の定かではない情報を振りかざしながら、ああすればいい、こうすればいいと口出しする。

あるいは中途半端にしか理解していないのに、持論をぶつ。

そういった行動は慎んだほうがいいでしょう。無責任に発した言葉で、周囲が混乱する恐れがあるからです。思いつきの〝聞きかじり情報〟に振り回されて、判断力を狂わせられるのです。それが、いわゆる〝炎上〟のもとになります。

とりわけ仕事や家庭の問題に口出しする場合は、間違いのない情報や、自分が熟知していることでなければ発言しない、くらいの慎重さが欲しいところ。そうでないと、最悪の事態を引き起こす危険性もあるでしょう。

言葉は非常に重いもの。くれぐれも慎重に発言しましょう。

それが、賢い人の態度です。

50

返事の前に一呼吸おく

——「即レス」には危険がいっぱい

不快なメール合戦はこうして起こる

気がついたら、いつの間にか、コミュニケーションの主体がメールをはじめとする〝書き言葉〟になっています。いつでも、どこでも、都合のいいときに交信できる便利さは、もう後戻りできないくらいです。

それはいい。大いに便利に使ってください。ただメッセージを受け取ったときに、すぐに反応してしまわないよう用心する必要があります。

うれしいメッセージならレスは早いほうがいい。しかし嫌なことをいわれた場合は、とりあえず一呼吸おきましょう。なぜなら不愉快さや怒り、悔しさなど、マイナスの感情に任せて、つい不用意な言葉を返してしまうことが多いからです。当然、そのメッセージを受け取ったほうは、いい気がしません。結果、また不快なメッセージが送られてきて、やがて口汚いののしり合いに発展するケースもあるでしょう。

一度レスしたら、その言葉を消すことはできません。だからこそ「一呼吸」が大事なのです。そうして悪感情はお腹にためて、頭に上げないようにする。お腹にためておく限り、「頭に来る」ことはないので、悪感情の悪循環を防ぐことができます。

51

スピードを落とす

——そんなに急いでどこへ行く？

◎全部がぜんぶ〝火急の用件〟ではないはず

若い人たちを中心に、スマホ・コミュニケーションがどんどん〝チャット化〟しています。〝おじさん世代〟は「だったら、電話をすればいいのに」と思わなくもありませんが、違うようです。文字よりも写真や動画などを送ることが面白いとか、近年はシニア世代にもこの手のコミュニケーションが広がっているようです。

そうなると勢い、レスに「速さ」が求められ、片時もスマホを手放せない状況に陥ります。ゴキゲンに交信している分にはいいとして、メッセージ内容によっては、ムカついたり、怒ったり、イラついたりで、あまり心穏やかではいられません。

以前、対談した精神科のお医者さんが、こんなことをいっておられました。

「スマホをさわってないと、気持ちが落ち着かない人がいるけれど、むしろ常にスマホが手元にあることで受けるストレスもある」

そんなに急いでレスしなくてもいいではありませんか。火急の用件でないなら、数時間、いや数日、放っておいても大丈夫でしょう。スピードダウンすることを心がけてみてください。

52

悲しみを引きずらない

——「一味になる」という禅の教え

感情に溺れてはいけません

身内や親しい友人・知人が亡くなることほど、悲しい思いをすることはありません。いつまでも悲しみを引きずり、なかなか立ち直れない方もおられるでしょう。

そんな場合にぜひかみしめていただきたい禅の言葉。

それは、「一味《いちまい》になる」。

悲しいときのみならず、苦しいとき、うれしいとき、感動したときなど、激しい情動があったときは、その感情と一つになって、命を生き切る。そうして次の瞬間には、気持ちを切り替えて、新しい日々を生きていきなさい――。

そんな考え方です。

人はこの「一味になる」時間を持たないと、そのときの感情が中途半端に残り、それを引きずって生きていくことになってしまうのです。「悲しみに溺れる」とは、そういうことです。

ですから悲しいときは、「人前で泣くのはみっともない」などと思わずに、涙がかれるまでとことん泣きましょう。やがてグッと立ち上がる力がわいてきます。

53

「なあ、自分。器が小さいね」

――いいものはいいと素直に認めよう

◎嫉妬心がわいてきたら、自分にこういい聞かせる

人間は嫉妬する生き物です。その感情の根っこに、どんな思いがあるのでしょうか。

たとえば恋人や好きな人が自分以外の人と親しくしているのを見ると、嫉妬しますよね？　それは、彼女・彼を「一人占めしたい」気持ちが強いからです。

あるいはライバルが大きな成果を出したとき、素直に「すごい！」と喜べないですよね？

それは、「自分のほうが上に立つ」優越感を持ちたいからです。

仕事に限らず、家柄、出身校、容姿、持ち物、物知り度、アクティブ度、モテ度など、あらゆる事柄で、自分より高い評判を得ている人を妬む場合も同じでしょう。

そういった嫉妬の感情が生じたら、自分にこういい聞かせましょう。

「なあ、自分。器が小さいね」と。

「すばらしいものはすばらしい」と素直に認めることのできる人は、器の大きな人。

公正な目と広い心を持つことを心がけましょう。

器の大きさは人間的な魅力につながる大事な要素です。

54

主体的、絶対的に生きる

——「みんな」に流されない生き方を

◎「みんな」の「みんな」って誰？

子どもの頃に、何か欲しいものがあるとき、親にこんなふうにおねだりしませんでしたか？

「だって、みんな、持ってるんだよ」

しかし「みんなが持ってるなら、しょうがない、買ってあげようね」となる親は少数派でしょう。そんなのは子どもの浅知恵とばかりに、親は、

「みんなって誰？　本当？」

などと切り返したのではないでしょうか。

子どもも大人も、本当は「みんなには実体がない」ことをよく知っているのです。それなのに「みんながそういってる」といわれると、それが八、九割の人の意見のように思い込んでしまうのです。そのくらい「みんなと同じ」であることを望んでいるのかもしれません。そんなふうに、いつも大勢に流されているようでは「自分の人生」を生きることはできません。「実体のないみんな」は視野の外に追いやり、もっと主体的に人生を生きることを心がけましょう。

55

「別の見方」をしてみる

——視点によって見える風景が変わる

それ、思い込みではありませんか？

「思い込み」ほど、やっかいなものはありません。それが正しいと、固く信じて疑わず、誰がなんといおうと考えを曲げないからです。

その正しさというものには、「一面正しいが、別の見方をすると正しくない」側面があります。

一〇年・一〇〇年・一〇〇〇年たっても正しい「真理」は別にして、人が「私のいうことは正しい」といい張る場合の「正しい」は、ある種「価値観」のようなものなのです。ですから自分で「正しい」と思い込んでいる事柄ほど、自ら疑ってみる必要があります。

「別の見方をしたら、どうだろう？　それでも自分の考えは、正しいといい切れるだろうか？」

そうやって疑うことによって、見える風景が違ってきます。自分と異なる意見や考え方に目を向ける余裕も出てきます。思い込みを捨てて、多様な視点から「本当に正しいこと」を探っていきましょう。

56

バカの一つ覚えを改める

――失敗より「工夫のなさ」を恐れよう

ある禅僧と豪商の逸話を一つ

曹洞宗の風外本高《ふうがいほんこう》という、絵の上手な禅僧の話。

和尚が大阪のボロボロのお寺にいたときのこと、豪商が困っていると相談にやってきました。これこれこうで……と悩みを打ち明けるのですが、和尚はブンブン飛ぶ虻《あぶ》が気になってしょうがないようすでした。

この虻、外に出ようとしては障子にぶつかって落ち、脳震盪を起こすのか、しばらくおとなしくなる。死んだと思いきや、しばらくすると、またブンブン飛んで、障子にぶつかり……ということを繰り返していたのです。そこで、和尚と豪商の会話。

「あの虻はかわいそうですなぁ。ボロ寺だから、あちこちに穴があいてるし、隙間もあるのに、障子の同じところにしか行かないようでは、死んじゃいますな」

「私の話はそっちのけで、虻ばかり見ておられる。そんなに虻が気になりますか？」

「いや、人間と同じだなぁと思ってね。同じところからしか物事を見ないから、いつまでたっても、問題が解決しないんだよ」

豪商は、はたと気づきました。私の悩みも、まさにそうなんだ——と。

57

「人それぞれ」をよく理解する

——人の価値観は千差万別

◎大事なのは「落としどころ」を見つけること

顔も体型も能力も性格も、一〇〇人いたら一〇〇人、誰一人として同じ人はいません。価値観もそう。人によってさまざまに異なります。

その価値観にいい・悪いもなければ、優劣もない。深く尊重し合うべきものです。それなのに自分の価値観こそが正しいとばかりに、他人の価値観を認めようとしない人が少なくありません。

そういう人は最悪の場合、自分とは違う価値観を否定し、批判することさえあります。自分の価値観を他人に押しつけようとするのです。ひどい場合は、「お酒、飲まない？　えっ、競馬も競輪もパチンコもしない？　生きてて楽しい？」みたいなことをいいます。そんなのは当然、無視するか、受け流せばいいでしょう。

そんな人を反面教師にして、注意するべきは、自分が人の価値観を否定・批判してかからないこと。自分の価値観と相容れないものであったとしても、他人の価値観を尊重し、ちゃんと話を聞く耳を持つことが大切です。相手の価値観を受け入れたうえで、自分の価値観と照らし合わせながら〝落としどころ〟を見つけましょう。

58

期待しすぎない

――そのほうが、何事もうまくいく

◎「うまくいけばラッキー」くらいの気持ちで

「期待」というのは、するほうも、されるほうも、なかなかつらいものがあります。もちろん期待するのは相手の成長・成功を願う気持ちの裏返し。悪くはありません。期待されるほうだって、期待に応えようと、よりがんばれる部分もあります。

だから「期待するな」とはいいません。「過度に」期待するのがよくない。期待が大きければ大きいほど、思うような結果が出なかったときのショックは大きくなります。「これだけ期待してやったのに」と、相手に不満をぶつけたくもなりますから。

期待されたほうだって、もしかしたら「過度な期待がプレッシャーになって、思うように力が発揮できなかった」のかもしれません。

適度な期待はパフォーマンスにいい影響を与えるけれど、過度な期待は心身を強く緊張させるためにパフォーマンスに悪影響を及ぼすことが多いのです。

そもそも期待したとおりに物事が運ぶことなど、そうあるものではありません。「うまくいけばラッキー」くらいにかまえていたほうが気がラクですし、成果がイマイチでも不満は出にくく、思った以上の成果が出れば喜びも倍増します。

59

目の前の仕事に没頭する

——すると、余計なものは目に入らなくなる

◎大切なのは、集中できる環境づくり

一つの仕事や作業に没頭していると、ほかの情報は自然とシャットアウトされるものです。

たとえばテレビがついていても、目がいかないし、音も入ってこない。周囲におしゃべりしている人がいても、話は聞こえない。

スマホの着信音も聞こえなければ、話しかけられても気づかない。

そんな状態になると思います。目の前のことに全神経が集中し、余計なことに気がいかないのです。

逆にいえば、できるだけそういう集中環境をつくっておくと、どうでもいいことにいちいち反応するようなことはなくなります。

たいていの物事は自分が関わらなくとも、なるようになるもの。多少、放っておいても大丈夫です。

目の前のことに徹底的に集中するほうが、ずっと充実した時間を過ごせるのではないでしょうか。

60

人の事情の九割は「他人事」

——だから、「いいわけ」は通じません

◎ミスをしたときの鉄則

遅刻をしたり、締め切りを守れなかったり、指示されたことを忘れたりなど、何かミスをすると、いいわけをしたくなるものです。

どうしてミスをしてしまったのかを説明することで、「自分の事情をわかってもらいたい」という気持ちがはたらくからでしょう。

ミスをした本人にしてみれば、「いや、いいわけではない。事情を説明しているんだ」という認識かもしれませんが、聞かされたほうは、単なるいいわけにしか聞こえません。

ですから、言葉を重ねれば重ねるほど、事情をわかろうとするどころか、「くどい」「見苦しい」「そっちの事情など知るもんか」と突き放されるのがオチでしょう。

人の事情というのは、残念ながら、自分以外のほとんどの人にとっては、およそ「他人事」です。「わかってもらえなくて当たり前」なのです。

そのことを肝に銘じて、特にミスをしたときは、なぜそうなったのか、事情をくどくど説明するより、これからどうしていくかに言葉を費やすよう努めましょう。

61

流行に踊らされない

——しっかり「ノー・サンキュー」をいおう

◎流行の〝押し売り〟にご用心

ＳＮＳを含むメディアは、巧妙な手口で流行を仕掛けてきます。

たとえばファッションの世界ではシーズンごとに、「今年はダボっと着こなすのがトレンドです。流行色はブルー。デザインはこれがトレンド」など、「流行に乗らない人はおしゃれではない」などと「いかにも」といった感じの情報が発信されます。

またライフスタイルの分野でも、「ワンランク上の暮らし方」とか、発表データをもとに「老後までに二〇〇〇万円貯蓄計画」とか、ｗｉｔｈコロナに呼応して「がんばれ、おうちごはん」など、さまざまな提案が出てきます。

いずれも「手の届きそうなぜいたく」を描いてみせるキャッチコピーがじつに上手で、読者は購買欲をかきたてられてしまうのです。

そういった〝流行情報〟に始終身をさらし、いちいち反応していると、気がつかないうちに流行に踊らされます。それはとりもなおさず、「自分らしさ」を失うことでもあるのです。適度に流行を取り入れるのはよいとして、〝流行の押し売り〟に対してはしっかり「ノー・サンキュー」をいいましょう。

4章

無駄に「疲れない」

——自分で自分を苦しめない考え方

62

極力、楽観的に考える

——人生を生きやすくする練習

○不安をあれこれ〝妄想〟しない

はじめてのことに取り組むときや、見知らぬ土地に行くとき、初対面の人に会うときなど、経験したことのないことを前にすると、誰だって不安になります。

あるいはどうしても結果を出さなければならない仕事があるときや、ミスをして謝罪しなければならないときなど、プレッシャーのかかることがあると、やはり不安にならない人などいないでしょう。いずれの場合も悲観的に考え、よくない結果になることばかりあれこれ妄想してしまうからです。

しかし、よく考えてみてください。「不安になる時間」をたくさん持てば、問題は解決しますか。解決しません。そういうときは、自分にこういい聞かせましょう。

「終わらない今日はない。やまない雨はない。どんな嫌なこともいつかは終わる」

人間は放っておくと悲観的に物事を考える生き物ですから、意識しないとなかなか思考を後ろ向きから前向きに変えることはできません。右の言葉を呪文のように唱えて、物事を楽観視する余裕を取り戻しましょう。そうして極力「楽観的に」考えることができれば、不安が軽減される分、事がうまく運びます。

63

「堂々巡り」から脱出する

——まず行動してしまうのが一番いい

○こうすれば「道は開ける」

　思わぬ出来事に見舞われて、パニックに陥った経験は誰しもお持ちでしょう。そんなときはたいてい、頭が真っ白になって、ただただ、

「どうしよう、どうしよう、どうしよう……」

という言葉が頭の中をぐるぐる回ります。

　この言葉が回っている限り、思考は停止しているのも同然です。そんな状態はとりあえず「強制終了」させましょう。

　その際には、「ストップ！　ストップ！」「いったん元へ戻ろう！」などと自分に号令をかけるのもいいでしょう。

　そうすればとりあえず「どうしよう」がもたらす〝負のスパイラル〟から抜け出すことができます。あとは、心静かに、こう考えればいいでしょう。

「いま、できることは何か」

「いま、やるべきことは何か」

　そして、何か行動すれば、解決策が見えてきます。

64

自分の流儀を崩さない

——それが「ぶれない」「迷わない」秘訣

◎人の話を「聞きすぎる」のは考えもの

周囲の意見や考え方に耳を傾けることは大事です。自分には思いつかないような発想を得られたり、仕事を進めるうえで参考になるやり方を学べたり、判断の選択肢が増えたりなど、さまざまなメリットがあります。

しかし「聞きすぎる」のは考えものです。

「Aさんにこういわれた。なるほど」「Bさんはこういう。たしかにそうかも」「Cさんはこうすすめる。それもあり、だな」といった具合に、頭が混乱し、動揺し、迷って迷って、どうしたらいいかわからなくなるからです。

そうならないようにするためには、まず「これだけは貫きたい」という自分の考えややり方を持たなくてはなりません。

それが、私のいう「自分の流儀」――自分の中にある決してぶれない軸です。

あなたの人生の主人公はあなた自身です。

人の意見を聞くにしても、「自分の流儀」を崩さないかまえがないと、「誰の人生ですか?」というふうになってしまうでしょう。

65

自分の役目をひたすら果たす

――それが誰かの役にも立っている

◎「仕事」と名のつくものはすべて社会貢献

日々忙しく仕事をしていると、ふと「自分は何か人々の役に立っているのだろうか。少しでも社会に貢献できているのだろうか」などと思うことがあるかもしれません。

とりわけコロナ禍にあって、営業自粛を強いられる事業が増えたものだから、「自分の仕事って、いらないいんじゃないの?」と困惑を覚えた人も多かったようです。

しかし明言しましょう、仕事と名のつくものはすべてが、なんらかの形で社会に貢献するものであり、人々の役に立つものであると。社会にとって不要なのは新型コロナウィルスのほうであり、みなさんでも、みなさんの仕事でもないのです。

もう一つ、仕事の意味を実感しにくい背景には、モノづくりにもサービスにも細かく複雑なプロセスがあって、自分のやっていることがどんな形で社会や人々の役に立っているのかが見えにくいことがあります。

けれども見えないだけで、それなくして仕事は成り立ちません。自分の役目をひたすら果たせばいいのです。人間はそもそも社会的な生き物。社会とのつながりなしには生きていけないのです。

66

毎日「小さな変化」を起こす

――日々を充実させる、ちょっとしたコツ

マンネリを感じたら、こうしてみる

長い年月、毎日が判で押したように同じことの繰り返しであることを、「一〇年一日のごとし」というふうにいいます。「平穏無事に過ごした」という意味では悪くないのですが、あまりにも変化がないのは少しさびしい気がします。実際、この表現は「マンネリに陥って退屈を感じている」ときによく使います。

そんな気分になったら、「昨日と同じ今日はない。今日と同じ明日はない」という当たり前の事実に目を向けるのもよいかと思います。

細かく見れば、毎日がまったく同じということはありえません。食事はほぼ日替わりでしょうし、家族との会話にしろ、仕事の内容にしろ、毎日、「昨日とは違う何か」をしているはずです。自分で意識していないだけで、誰もがじつは毎日の暮らしに、ふだんとは違う何か〝新しい小さな体験〟を取り入れているのです。

それだけでは物足りない人は、些細なことでいいから、意識的に昨日とは違う何かをするよう心がけることをおすすめします。そうして「今日は今日、明日は明日」と小さな変化を積み重ねながら日々を充実して過ごしましょう。

67

「即今、当所、自己」

——「いま」「ここ」「自分」をしっかり生きる

◎このシンプルな真理を深く理解する

「即今《そっこん》、当所《とうしょ》、自己《じこ》」は、

「いま、この場で、自分がやるべきことをやりなさい」

ということを意味する禅語です。

私たちは「いま、この瞬間」にしか生きることはできません。一瞬前の自分は死んでいるし、一瞬後の自分が生きている保証はありません。

また「いまいるこの場」にしかいることはできませんし、「自分」にしか目の前のやるべきことをやることはできません。

つまり私たちの「命の真実」は、「いま」にしかない、ということです。

このシンプルな真理を深く理解しましょう。

そうすれば、過去を悔やみ、先を憂え、過度に悩んだり、迷ったり、考え込んだりする時間を大きく減らすことができます。

いま、目の前にやるべきことがある。それに生命エネルギーのすべてを注ぐ。

それこそが「生きる」ということなのです。

68

「過去にこだわる者は未来を失う」

——成功も、失敗も「もう過去のこと」

●仕事はまさに「生き物」

仕事というのは、終わってしまえば、成功も、失敗も過去のことです。

特に成功を収めると、そのときのやり方が一番いいんだと思い込んでしまいがち。勝利の美酒に酔った、そのときの陶酔感が忘れられないのかもしれません。

それで「夢よ、もう一度」とばかりに、「あのときと同じやり方をすれば、絶対にうまくいく」と思い込む傾向があります。

しかし仕事は、まさに〝生き物〟です。時代も状況も取り組む人間の資質も、すべてが時々刻々変化します。「過去の成功体験」を単純にはめ込んだところで、うまくいくわけがないのです。

むしろいまの仕事にとって、「過去の成功体験」は邪魔であるとさえいえます。そんなものはいったん白紙に戻し、「いまの状況」をにらみ、どんなやり方をするかを考えましょう。

イギリスの元首相ウィンストン・チャーチルは、「過去にこだわる者は未来を失う」といっていますが、まさにそのとおりだと思います。

69

仕事もまた「無常」

——だから、臨機応変に対応する

●仏教が教える「仕事の原理原則」

仕事というのは同じように見えるものでも、微妙に違います。「森羅万象、この世で起こることは一切が、片時もとどまっていない」と仏教が教えるとおり、仕事だってどれ一つとして同じものはないのです。

であるならば、「一律のやり方で対応」できませんよね。状況に合わせて、事細かに対応していかなくてはなりません。

私もたとえば庭園デザインをするときの「敷地分析」では、地形はもとより日照条件、土の質、所有者の特性（会社の庭か、自宅の庭かなど）、どの時間帯にどのように使うか、そのときの心理状態はどうかなど、さまざまな観点から敷地を〝診断〟します。そのうえで、敷地の長所を引き出し、短所を目立たなくすることを考えます。「禅の哲学と施主の希望に則って造形し、そこに人間の心理を含む敷地条件を細かく深く読み込んで、自分が設定したテーマが貫かれた空間に仕立てる」

というやり方です。そこが「まず平らにして造形する」西洋と大きく違うところ。どんな仕事にもこのくらい細かな工夫が必要なのではないかと思います。

70

明日を頼みにしない

――今日やるべきことは今日やる

◎「懈怠の比丘明日を帰せず」という教え

茶道・裏千家の茶室「今日庵《こんにちあん》」の名称の由来を伝える、こんな逸話があります。いまから三六〇年ほど前のこと。千利休の孫である三代宗旦《そうたん》は、現在の表千家の茶室「不審庵《ふしんあん》」を三男の江岑宗左《こうしんそうさ》に譲り、裏手に隠居所を建てました。その庵の席開きの日、宗旦は参禅の師匠、清厳《せいがん》和尚を招きました。和尚に新しい茶室を見ていただき、名前をつけてもらいたかったのです。

ところが、約束の刻限を過ぎても、和尚は現れません。やむなく宗旦は、ほかの用事で出かけました。留守中にやってきた和尚は、「明日お越しください」との伝言を聞いて、茶室の腰張りにこう書き付けて、帰ってしまいました。「懈怠《けたい》の比丘《びく》明日《みょうにち》を帰せず」――「怠け者の私は明日といわれても、来られるかどうかわかりません」と。

そこから茶室を「今日庵」と名づけたといわれています。

「明日のわが身がどうなるかはわからない。命を失うかもしれない。今日やるべきことは今日やってしまいなさい」。清厳和尚はそう伝えたかったのでしょう。何事も明日を頼みにしてはダメなのです。

71

得意なことを磨き上げる

——苦手なことは〝得意な人任せ〟に

◎人の「成長ポイント」はここにある

　どんな人にも得手・不得手があります。その中で大半の人は、どういうわけか、苦手を克服しようとがんばります。まじめな人ほど、その意識が強いようです。

　そう考えてしまう原因の一つは、「すべてにおいて高い能力を持っていなければ、優秀と評価されない」という思い込みにあるのではないでしょうか。

　心がけとしては悪くはないけれど、苦手は苦手のままでいいではありませんか。そもそも苦手なことというのは、一生懸命努力しても、さほどの成果は上がらないものです。

　私の感覚では、「得意なことは十の努力で十の結果が得られるが、苦手なことは十二の努力をしても八の結果しか得られない」といったところでしょう。

　得意なことは好きなこと。取り組むこと自体が楽しいし、成長スピードが速いのです。逆に、苦手なことは嫌いなこと。できればやりたくないから、なかなかやる気になれないし、成長スピードも遅いのです。社会人としての基礎をひととおり身につけたなら、そろそろ苦手なことから自分を解放してあげませんか？

72

自分にも人にも無理をさせない

——理想的なチームのつくり方

●それぞれが、それぞれの得意分野を分担する

会社の業績は、個人の力を総動員してつくられます。個人よりもチームでどれだけの成績をあげるかが要《かなめ》になります。

理想的なのは、一人一人が「自分の得意分野で持てる力を一二〇％発揮する」ことです。

一〇人いれば一〇人、何か得意なものがありますから、それぞれがその得意分野で突出した力を出せばいいのです。

得意分野を分担する――。

この方式なら、苦手分野のない平均的なレベルの社員をたばねるより、ずっと大きなチーム力を得ることができるでしょう。

何よりこの方式のいいところは、チーム全員が得意分野でがんばれるので、自分にも人にも苦手な仕事を課して、無理をさせずにすむことです。

社員みんながゴキゲンで仕事に取り組み、ゴキゲンな成果があがり、会社もゴキゲン……。社内にそんな好循環ができるでしょう。

73

「男だから」「女だから」はやめる

——「男女差」も「個人差」のうち

●「みんな一人の人間」とシンプルに考える

数年前、複数の医科大学ならびに大学医学部の入学試験で、不正が発覚しました。なんと女子や浪人年数の多い受験生の得点を一律に下げていたというのです。

「女性医師は多くが結婚や出産で退職してしまう」とか、「男性医師が減ると、外科や救急救命などの診療科で医師不足が起きかねない」など、学校側にもいい分はあるでしょうけれど、「男だから・女だから」と性別でひとくくりにして、入試で差別するのは、あまりにも前時代的といわざるをえません。

私も大学で教え、入試にも関わっていますが、採点者には受験者の性別も名前も見えません。ですから「合格者は男女同数」なんていうことはまずないのです。男女の比率は、年度によって異なります。これが受験の正しいあり方というものでしょう。

入試に限らず、ビジネス社会でもなんでも、もはや「男だから・女だから」という思考は通用しません。性別によって能力が異なるわけではないのですから。

個人差があるように男女差がある。その差も「個性」なのです。評価の軸には、男も女もない。「みんな一人の人間だ」とシンプルに考えましょう。

74

「学歴≠仕事ができる」

――大事なのは「才能を発揮する」こと

◎学歴だけで渡れるほど社会は甘くない

「仕事ができること」と「学歴」との間にはなんの関係もありません。

実際、うちの檀家さんにも、中学・高校と進学校に進みながらも、「早く社会に出たい。仕事を覚えたい」といって、大学に進まずに不動産会社に就職した方がおられます。彼は才能を発揮し、三〇歳の若さで独立し、成功しています。

また工業高校を出て大手住宅メーカーに就職したある方は、並居る大卒社員をごぼう抜きにして社長に就任。会社を大きくすることに成功しました。彼は「私にとって学歴は関係なかった。結果で勝負してきた」が口ぐせでした。

かつては「一流大学さえ出れば一流企業に入れて、しかも出世できる」といわれたものですが、そんな神話はすでに崩壊しています。それは「社会が正常になった」ということでもあるのではないでしょうか。学歴さえあれば人生が〝イージーモード〟になることなどありえないのです。

しかも大学にはいつでも行けます。学歴を背負って社会に出る道とは別に、社会人になってから学歴でハクをつけるという道があることも覚えておいてください。

75

夜の決断は放棄する

——朝こそ「判断の旬」

◎夜の疲労と闇が、自制心を狂わせる

「判断」というのは、それが大事なものであればあるほど、心身のエネルギーがマイナスに傾いているときにしてはいけません。

思考が悲観的になり、消極的な行動を促し、はかばかしい結果が得られない危険性があるからです。

また闇に覆われる夜も、自制心を失う時間帯であり、大事な決断をするのにふさわしいときではありません。感情をコントロールしにくく、ポジティブで積極的な答えを出しにくいからです。

そんなときに、たとえば大事なメールに返信したりするのは危険です。大きなトラブルのもとになってしまうこともあるでしょう。

自然の摂理からいって、心身の疲れと夜の闇は、休息を促すもの。よく眠って、心身のエネルギーを充塡しましょう。

夜に何かを決めることは放棄しましょう。そうして朝、すっきりと目覚め、日の光を浴びたら準備完了です。そのときこそ〝判断の旬〟なのです。

76

自分を「見限らず」「買いかぶらず」

——「私はこういう人間だ」と決めつけない

◎「色メガネをかけるな」

よく「先入観を持つと、人を見る目が曇る」といわれます。初対面の人に会うときなど、相手がどういう人かをリサーチしすぎて、とりわけあまり芳しくない評判や噂話を情報として得てしまうと、相手のイメージが固定化されてしまうからです。

結果、相手を見誤って、親しくなるチャンスの芽を自分の手で摘み取ることにもなりかねません。

禅で「色メガネをかけるな」といういい方をするように、先入観で人を判断しないよう自戒することが必要です。

「色メガネ」というのは、他人を見るときだけではなく、自分自身を見るときにかけてしまうこともあります。

自己分析が甘いこともあれば、逆に厳しいこともある。いずれにせよ「自分を見る目」は曇るものなのです。

よく分析せずに「私って、こういう人」と決めつけてしまうことのないように。でないと自分で自分を見限ったり、買いかぶったりすることになりますよ。

77

悪事を遠ざける

――うまくいっているときほど慎重に

◎そこはまさに「奈落の底」

お金の価値を決めるものに、黄金――ゴールドがあります。キラキラ輝いていて、山と積まれると、文字どおり目がくらみます。そうすると、もう黄金の光以外は、何も見えなくなってしまいます。

もし黄金のそばに、何かの落とし穴が仕掛けられていたらどうでしょう？　十中八九、落ちます。

そこはまさに「奈落の底」。大変な苦しみを味わうことになります。

たとえば賄賂をもらって不正を働くとか、詐欺まがいの儲け話に乗せられて大きな損失を被るなど、ビジネス界の不祥事が生じるのは、だいたいがこのケース。お金に目がくらんで、判断を間違える、ということです。

とりわけ用心が必要なのは、仕事がうまくいっているとき。悪事への誘惑を仕掛けられることが多く、こちらも気が緩んでいるぶん、脇が甘くなっているからです。

賄賂にしろ、詐欺にしろ、「前払いされる大金」の下には落とし穴が隠れているもの。慎重に見極めてください。

78

〝取り入り合戦〟から距離をおく

――その卑屈さが成功を遠ざける

こうなってしまうと、売れるものも売れなくなる

たとえばモノを売り込むとき、業界や会社のキーマンの気持ちをつかむと、大量注文が舞い込んでくる可能性が大きくなります。そこを狙って、多くの会社の営業マンたちがなんとかキーマンに取り入ろうと必死になります。〝取り入り合戦〟が起こるのです。接待や金銭の授受などの不正が横行することもあるでしょう。

もしあなたの周囲で、そんな〝取り入り合戦〟が起こっているなら、いますぐ棄権しましょう。うまく取り入って契約をモノにしたところで、相手との関係は抜き差しならないものになるだけ。顧客は尊大に、売り込む自分は卑屈になり、正常な関係性が保てなくなります。

そして、つい不正を働いて、社会的制裁を受けないとも限りません。

そもそも売り込みたいモノが本当に優れたもの、魅力的なものであれば、キーマンに取り入らなくても売れます。

売るほうも、買うほうも、本来、立場は対等であるべき。売るほうが卑屈になると、売れるものも売れなくなります。

79

もっと選択肢を絞る

――部外者の〝思いつき発言〟に惑わされない

◎「これでいこう」と決定するときのルール

「できるだけたくさんの人の意見を聞こう」と、社内外から多くの人を集めてブレーンストーミングを行なうことがあります。

アイデアが多ければ多いほど、選択肢の幅が広がり、仕事の質を高めていくことができると期待してのことでしょう。

それはいいのですが、一つ、大きな問題があります。決定者がときとして〝アイデアの山〟に埋もれてしまい、迷って、迷って、迷って、結局、何も決められなくなってしまうことがまま起こることです。

とりわけ〝部外者〟は、思いつきで無責任な意見をいいますから、いちいち耳を傾けていたら収拾がつかなくなるのです。ある程度、外部からのアイデアを収集したら、どこかの段階でシャットアウトする必要があります。そのタイミングが重要です。

その種の「アイデア出し」のような会合は、ごく初期の段階だけにして、「これでいこう」と決定するときは、その問題に通じた少数精鋭メンバーだけで行なうといいでしょう。

80

「競争疲れ」から身を守る

――「逃げるが勝ち」ということもある

◎ときには「勝負の土俵」からあっさり下りる

いまは、ビジネス戦士はもとより「受験戦争」を戦う子どもたちも含めて、言葉は悪いけれど「猫も杓子も」競争社会の中でしのぎを削っています。

「仕事で成果をあげたい」「出世して、仕事の主導権を取りたい」「会社から、社会から高く評価される人間になりたい」などの願望があってのことでしょう。

それ自体はいいとして、「競争に勝つ」ことにこだわりすぎるのはどうでしょうか。あんまりがんばりすぎると、心身が疲弊し、つぶれてしまう危険もあります。

とりわけ競争相手が強すぎたり、設定した目標が達成には難しすぎるものであったりする場合は、戦い続けるのが大変です。ここは中国の故事にもあるように、「三十六計、逃げるに如かず」――。

あれこれ策を巡らすのをやめて、とりあえず逃げたほうがいい。戦い続けるエネルギーを、相手と対等に戦えるレベルまで実力をつけることに傾けたほうが賢明というものでしょう。ときには勝負の土俵からサッと下りて、戦いで消耗したエネルギーを充電することも大切なのです。

81

「段取り力」を高める

——仕事を頼むとき、受けるときのルール

◎時間や分量を絶対あいまいにしないこと

仕事を手伝ってもらうときは、お願いする相手に作業の内容はもとより、分量やおおよその所要時間などを明確に伝えなくてはいけません。

なんとか手伝ってもらいたいあまり、その辺を適当にごまかして、ぼんやりした頼み方をしたくなるものですが、お互いに困ったことになります。たとえば、「いや、簡単な仕事でね。君なら二時間もあればできちゃうよ、きっと」などと頼んで受けてもらったのはいいけれど、実際には意外とやっかいで、倍以上の時間を要した、というようなことが起こりがちなのです。相手だって「二時間で終わるなら」と引き受けたのですから、大迷惑でしょう。

引き受けるほうも、どのくらいなら手伝えるか、はっきり伝える必要があります。「午後三時までは手伝えるけど、その後はアポが入っているから無理。その分量だとやり残しが出そうだから、もう一人、二人に頼んだほうがいいよ」

というふうに。誰かに助けを求めることも含めて、仕事をうまく運ぶには「段取り力」というものが求められるのです。

5章

無理に「白黒つけない」

――人生を快適に生きるヒント

82

人生には「幸も不幸もない」

——すべてを「あるがまま」に受け入れる

どんな日も心穏やかに過ごす知恵

生まれた命は、やがて死ぬ。

はじまったことは、やがて終わる。

それは真理です。

何か問題が起きて、どんなにジタバタもがいても、死なない命はないし、終わらない物事もないのです。

同じように、いいことも、悪いことも、いつまでも続きません。

この「諸行無常」という当たり前の真理を、常に頭の片隅においておけば、いいことが続いて有頂天になることも、悪いことが続いて落ち込むこともなくなります。心が、人生が安定します。

人生には幸も不幸もありません。何が起きても、あるがままに受け入れる。そうすれば、心穏やかに毎日を過ごすことが可能です。

心がざわつく出来事があったら、胸の中でつぶやきましょう。

「諸行無常、諸行無常、世の中は常に変化し、何事もやがて終わる」と。

83

物事には「善も悪もない」

——すべては「考え方しだい」

◎何があっても「日々是好日」

禅には物事に「白黒つける」という発想がありません。

ですから、何が起きても本来、「いい」も「悪い」もないのです。

「不思善悪」という禅語は、「善悪を考えるのをやめなさい」「二元論な分別心を捨てなさい」という意味です。

「いま、このときにしかない経験をさせていただいている。その経験自体には、いいも悪いもない。今後の行動・努力しだいで、なんだってプラスになる」という考え方なのです。

実際、つらい・苦しい・悲しいことがあっても、あとになって「いま思えば、貴重な経験だったな」と思うことは多いでしょう。

何が起きてもジタバタしないことです。

すべての経験がその後の成長の糧になります。

このことを禅語で「日々是好日」といいます。

この考え方でいけば、「好日ばかり」の夢のような人生が手に入るのです。

84

自分の選択は「すべて正しい」

——あとは、そこで花を咲かせるのみ

◎「何を選ぶか」より、「選んだことをどうやるか」が大切

人生は「やってみなければわからない」ことの連続です。やる前に「こうすればいいかな。ああすればいいかな。どの選択肢を選ぶのが正解かな」などといくら考えても、ほとんど意味はありません。

なぜなら「正解は一つではない」からです。

イギリスの数学者であり、作家、詩人のルイス・キャロルに、次のような言葉があります。

「どっちへ行きたいかわからなければ、どっちの道へ行ったって大した違いはない」

ようするに、「どれが正解か」で悩むことは、意味がないということです。考え方としては、「選択肢のどれを選んでも同じ」であり、そして、「選んだ選択肢でいい結果が出るようにがんばる」というのがいいでしょう。

そうすれば、気持ちがぐんとラクになるし、迷いがなくなります。あとは「こうやろう」と決めたことを、どんなふうにいい方向に進めていくかを考えるのみ。結果はあとから付いてきます。

85

〝外野の声〟は放っておく

――誰に、何をいわれようともかまわない

〝後出しじゃんけん〟をしてくる人への対処法

たとえばプロ野球では、監督はすべての采配の責任を負っています。それもゲーム展開や相手の出方を見ながら、決断を迫られることの連続です。

何より大変なのは、幾通りもの方法があるのに、一つの方法しか選べないことでしょう。うまくいかなかった場合は常に「ああすればよかったかな」というような後悔がつきまといます。そっちにしたところでうまくいったとは限らないのに、〝うまくいったに違いない幻想〟にとらわれてしまう部分もあるかもしれません。

しかも評論家からファンまでが、采配ミスだのなんだのと、〝後出しじゃんけん〟まがいの指摘をするので、その心労はいかばかりかと察します。

しかし〝外野の声〟など、気にする必要はありません。巨人の原辰徳監督がよくコメントするように「あの場面での最善策です」と胸を張ればよいのです。

人生も同じ。自分の人生に采配を振るうのは自分自身なのですから、うまくいかなくても、それは采配ミスではなく、単なる結果論。のちの采配に活かせばいいだけの話です。采配はすべて、その時点での最善策と考えましょう。

86

後悔はただの〝妄想〟

――将来の不安もまた〝妄想〟

さっさと忘れよう、手放そう

過ぎたことをいつまでもクヨクヨと悔やむことはありませんか？

あるいは先のことを心配して、クヨクヨと日々を過ごすことはありませんか？

どちらも無意味なことです。

クヨクヨすれば過去がなかったことになるなら、また先の心配がなくなるなら、クヨクヨしがいもあるというものですが、そんなことはありません。

過去への悔恨も、将来への不安も、実体のない思い。つまりは「妄想」に過ぎないのです。そんなものに縛られて自由に行動できないとしたら、それほどばからしいことはありません。

禅は「莫妄想《まくもうぞう》」――「妄想するなかれ」と説いています。

私たちができるのは、過去の失敗を糧として成長していくために、不安が現実にならないように、いま目の前のやるべきことに集中するだけ。いまに没頭すれば、後悔や不安に頭を悩ましている暇もなくなります。とにかく行動して、なんの役にも立たない「妄想」をどこかへ追いやってしまいましょう。

87

失敗なんて〝かすり傷〟

――「さぁ、挽回！」と立ち上がる

たくさん仕事をする人は、たくさん失敗する人

失敗しない人間はいません。というより、たくさん仕事をする人は、たくさん失敗をする、という見方もできます。失敗は次の成功に結びつけるためのプロセスですから、落ち込むほどのことはないのです。

昔の武士の社会には、失敗すると「お腹召しませ」と命じられることもありましたが、いまの世の中、責任を取らされたとしても、減俸、左遷、解雇がせいぜい。命まで取られることはありません。かすり傷程度だと思えばいい。

失敗したときの処分がどうであれ、「また裸一貫からはじめればいい」くらいの気持ちでいる。そうしてプロセスのどこに失敗の原因があったかはきちんと検証したうえで、「さぁ、勝負はこれから。挽回するぞ！」と立ち上がりましょう。

もともと人間は、わが身一つでこの世に生まれてきました。失敗によっていかに多くを失ったとしても、振り出しに戻るだけ。そこから広がる可能性は無限です。「失うものなど何もない」ことほど、人を強くする境涯はないのです。

文字どおり「死ぬ気でがんばる」ことが、失敗に対する最善の姿勢なのです。

88

地道にコツコツやる

――功を焦るとゴールが遠のく

◎「ショートカット」の落とし穴

千里の行《こう》も足下《そつか》に始まる（千里の道も一歩から）
ローマは一日にして成らず
塵積もりて山となる
蟻の塔を組む如し

どれも、「とてつもない大事業も、コツコツと怠りなく作業を積み上げて成し遂げられるものである」ことを意味する言葉です。

逆にいえば、「手間暇かけずに、一足飛びで成し遂げられることはない」ということでしょう。

現代は特に「合理化」「効率化」の号令の下、ゴールまでのプロセスをいかにショートカットできるかに腐心する傾向があります。それでうまくいけばいいけれど、多くの場合、ショートカットしたプロセスに問題が生じて、「近道を行ったはずが遠回りになった」なんてことになります。

功を焦る気持ちが出てきたら、「地道にコツコツと」と自らにいい聞かせましょう。

89

夢は「持つ」のではなく「掲げる」

——上手な目標設定のコツ

◯大事なのは、足元をしっかり見ること

夢や目標を持つのは、とても大切なことです。

夢や目標が大きい・小さいは個人の感じ方や力量、立場によって違ってくるところでしょう。

いずれにせよただ一ついえるのは、その夢・目標が自分にとって大きいと感じるものの場合は、「持つ」より「掲げる」ほうがいい、ということです。

なぜなら大きすぎる夢・目標は、持って進もうとすると、重すぎて、ときとして前に進めなくなってしまったり、自分の身が押しつぶされてしまったりすることがあるからです。

その点、遠くに掲げておけば、どうでしょうか。

道標になるし、自分は身軽でいられる分、足取りも軽く進んでいけます。そのほうが、結果的により早くゴールに近づいていくことができるでしょう。

たまに夢・目標に目をやりながらも、大事な足元をしっかりと見つめて、「確実ないまの一歩」を軽やかに、楽しく進めていきましょう。

90

忙しいときこそ「一息入れる」

――ただ、ぼーっとするだけでいい

休み上手な人は、仕事ができる

日本人はまじめな人が多く、「休む」ことに罪悪感を覚える傾向が強いようです。実際、体調が悪くても出勤する人、多いですよね？　新型コロナの感染拡大でも当初はさかんに、「少しでも体調不良を感じたら、無理せず休んでください」と呼びかけられました。そのくらいのことをしないと、体調不良をおして出勤し、感染を拡大させる恐れがあったからです。皮肉にも、日本人の勤勉性が裏目に出たかっこうでした。

それはさておき、日々、仕事に取り組むときに大切なポイントがあります。

「ある程度進んだところで、一息入れて、自分がやってきたことをちょっと振り返りながら、リフレッシュしましょう」

ということです。疲れが取れることはもちろん、意外といい刺激になるのです。私はこれを「踊り場効果」と呼んでいます。

何も休日を取らなくたっていい。仕事の合間に数分、ぼーっと外の景色を眺めたり、屋上とか高層階に上がって空を見上げて〝下界〟の喧騒を見下ろしたりするだけでけっこう。忙しいときこそ実践してください。十分な「踊り場効果」が得られます。

91

「普通の人」なんて、どこにもいない

——「十人十色」が人付き合いの前提

◎「共感」から入るコミュニケーション術

人間はどういうわけか、自分の考え方が「普通」だと思い込む傾向があります。その「普通」に照らし合わせて、自分とは異なる考え方をする人のことを「普通じゃない」と否定したがるのです。

繰り返しますが、自分と完全に同じ考えを持つ人はいません。それこそ「十人十色」で、そのどこにも「普通」という概念は当てはまらないのです。

それを前提として、相手の話の中に「違う」と思うことがあったら、即座に反応しないよう注意する。そうして最後まで話を聞いて、「ここは共感できるな」と思える部分を探し出し、こんなふうにいうといいでしょう。

「この部分については、私も近い考えです。ただ残りの部分については、ちょっと違っていて、こう考えているんですよ」

このように「共感」から入ると、コミュニケーションがスムーズに進められます。

くれぐれも「自分と人は同じではない。違っていて当たり前だ」ということを、肝に銘じておいてください。

92

「勝っても〝蹂躙〟すべからず」

――やりすぎると「報復」が待っている

◎相手を〝恨み骨髄〟にしたら最後

「やるか、やられるか」の争いは、なかなかなくなりません。大航海時代以降、ヨーロッパがアジアや南米、アフリカなどを征服・植民地化したように、富の利権を巡る戦争がいまもあります。

また企業間でもM&Aという形で征服が行なわれているし、個人レベルでも〝弱い者いじめ〟的なハラスメント行為が横行しています。

いずれの場合も、相手を蹂躙《じゅうりん》するがごとく完膚なきまでにやっつけると、いつか手ひどいしっぺ返しを食らうのが世の常です。一〇〇歩譲って競争が起こるのはやむをえないとして、勝ったほうが自分たちの持つ文化や価値観を負けたほうに押しつける形で征服するのは最悪のやり方なのです。

逆の立場で考えてみてください。自分たちが大切にしてきた文化・価値観を奪われたら、恨み骨髄、ですよね。

負けたほうは征服された怨みをエネルギーにして、また新たな戦いを仕掛けるもの。まずはそこを心得てください。そのうえでどうすればいいかは次項に譲ります。

93

「戦いの火種」を消す

――ライバルをも味方に引き入れる法

◎名経営者に学ぶ「賢い勝ち方」

企業間で行なわれるM&Aや事業提携のおもな目的は、互いに弱点を補強し合い、力を合わせて戦力を二倍、いや三倍、四倍、五倍に増強していくことです。そこに「買収した側」「された側」という概念が入り込むと、ややこしいことになります。どうしても社内に「買収された側は、買収した側のやり方に従え」というふうな空気が漂うようになるのです。

それはお互いのためによくありません。縁あって同じ会社の仲間になったのですから、それぞれの企業風土を尊重しながら、自分たちの考え方・やり方をすり合わせてベストな方策を見出していくのが本来の姿でしょう。

京セラの創業者である稲盛和夫さんは、いくつかのM&Aを行なっていますが、そのほとんどが倒産の危機に陥った会社から救いを求められたことがきっかけだったそうです。そしてグループに迎え入れる会社の社員と胸襟《きょうきん》を開いて話し合い、「心で結ばれた仲間同士」という一体感を醸成したと聞いています。

ライバルを敵視せず、味方に引き込む視点を持つことが肝要かと思います。

94

〝正論〟で人は動かせない

――その〝印籠〟は通用しません

◎正論がまったく通じない現場もある

何か話し合いをしているときに、いわゆる正論をふりかざすと、相手に不愉快な思いをさせることがままあります。

あなたにも経験はありませんか？　正論をふりかざされて、「そりゃあ、あなたのいい分は正しいよ。でもね……」と反発する気持ちになったことが。

なぜそうなるのか。

正論はあくまでも一般論というか、一般的に正しいとされている考え方であり、複雑に入り組んだ社会やビジネスにおいてはまったく通じない場合もあるからです。

そこを考慮して、正論を印籠のように突き付けるのはやめたほうがいい。黄門様の印籠にはみんながひれ伏しますが、正論ははねつけられるだけです。

「あなたのお立場だと、こういう考え方は難しいでしょうか」

というふうに、相手に理解を示しながら、話を進めるのがいいかと思います。そうすれば相手も本音を話しやすく、問題解決への道を模索することも可能になります。

95

上手に「一歩引く」

——議論のうまい人が実践していること

◎最悪の結果は「決裂」してしまうこと

議論をするときは、誰もが自分が正しいと思うことを述べます。いわば「正論と正論のぶつかり合い」になるんですね。

しかし前項で述べたように、立場を変えれば、正論を押し通すのは非生産的。互いが「一歩も引かない」状況だと、そのままタイムオーバーで話し合いは決裂します。

そのくらいの勢いが必要なこともありますが、たいていの場合、妥協点を見出すことが可能です。

そもそも議論とか話し合いというのは、みんなが自身のいい分を主張しながら妥協点を見つけて、結論を出すことが目的です。決裂したのでは意味がないのです。

ここは「一歩引く」ことを覚えましょう。たとえば、

「この点については、うちが譲歩しましょう。ただここは譲れないところなので、ご配慮いただけますか？　で、落としどころはこの辺でどうでしょうか」

というふうに。相手の顔を立てつつ、こちらのいい分もある程度通す。少々難しいかもしれませんが、巧みに議論に決着をつける方法はこれに尽きるでしょう。

96

人は「本来無一物」

——お金はビタ一文、あの世に運べない

稼ぐなら、のちの世のため人のため

お金というのは稼げば稼ぐほど、もっともっと欲しくなるもののようです。お金に限らず物欲はみんな、そう。とどまるところを知りません。たいていの人が、「お金をたくさん稼げば、欲しいものが手に入る。思う存分、ぜいたくを楽しむことだってできる。そんな幸せなことはない」

という思いにとらわれているからでしょう。しかし、ちょっと待ってください。そんなふうに自分のためにお金を稼ぐのって、とてもむなしいと思いませんか？

なぜならどんなに稼いでも、ビタ一文、あの世に持っていくことはできないのですから。「本来無一物《ほんらいむいちもつ》」という禅語が示すように、人はわが身一つで生まれてきて、わが身一つで死んでいくのです。

そこで稼ぐ目的に、「後世のため人のため」という言葉を加えませんか？　これなら「まわりの人に喜んでもらうことをする＝幸せ」という幸福の新しい方程式に則った生き方ができます。死ぬときにたくさんお金があっても、どこに寄付するかを遺言しておけば、誰かの役に立てます。むなしさとは無縁でいられますよ。

97

自分の使命を自分に問う

——そして、懸命に生きる

◉人生の折々で自分がなすべきこと

人間というのは一人一人、天から託された使命を帯びて、この世に誕生したのかもしれません。

それが現世で果たすべき「自分の役割」といえるでしょう。

では、あなたは自分にはどんな使命があるか、知っていますか？

「そんなの知らない。わからないよ」

とおっしゃるかもしれません。

しかし、知らなくたってかまいません。

「知る」ことより、むしろ「自分の使命はなんだろうか」と自らに問いかけて生きていくことのほうが大切なように、私は思います。

そうして問いかける中で、人生の折々に果たすべき自分の役割を認識し、それに一生懸命取り組めばよいのです。

逆にいえば、われを忘れて一生懸命取り組めることがあれば、それが天から授けられた自分の使命だ、ということです。

98

自由自在に生きる

——柔軟に、謙虚に、そして自分らしく

◎「柔軟心」という禅の教え

自分の人生、自分らしく生きたいものです。ポイントは二つ。

第一に、禅でいう「柔軟心《にゅうなんしん》」を持つこと。それはいうなれば、定まった形のない、雲のような心。何事も「こうあるべき」「こうあらねばならない」などと考えず、相手や状況に応じて自由自在に変わっていくことを意味します。

その自由さにこそ「自分らしさ」は発揮されるのです。

第二に、「謙虚さ」。いいかえれば、自分のできること、得意なことをして、社会に貢献することです。

できもしないことや不得手なことを無理してやろうとするのは、考えようによっては、身のほど知らず。傲慢だし、自分らしくないことでもあります。

謙虚な心で得意を貫くことに「自分らしさ」は発揮されるのです。

「柔軟心」と「謙虚さ」を持って生きていくことは、無理なものは無理と「上手に放っておく力」があってこそ可能になるもの。それを武器に究極の「自分らしい生き方」につなげていきましょう。

99

人事を尽くす

――そして天命を待つ

◎「放っておく力」の神髄、この言葉に極まれり

物事に取り組むときは、必死にやる。

いい結果が出るかどうかを心配したり、上司や世間の評価を気にしたりせず、無心になって、ただひたすら自分の持てる力をそこに注ぎ込む。

「人事を尽くす」とは、そういうことです。

やるだけのことをやったら、できる限りのことをやったら、あとは野となれ、山となれ。放っておく。

そして、やがて下る「天命」、つまり天の采配に任せればいいのです。

これはいいかえれば、「私ができるのは人事を尽くすことだけで、結果がどうなるかを決めるのは私ではない。だから事が終われば、心をわずらわせることは何もない」ということです。

この「人事を尽くして天命を待つ」というのは、じつにすがすがしい気分のものです。事に臨む前から結果や評価を気にするのは、もうやめましょう。心がもやもやして、集中が妨げられます。

本書は、本文庫のために書き下ろされたものです。

枡野俊明（ますの・しゅんみょう）

1953年、神奈川県生まれ。曹洞宗徳雄山建功寺住職、庭園デザイナー、多摩美術大学名誉教授。大学卒業後、大本山總持寺で修行。禅の思想と日本の伝統文化に根ざした「禅の庭」の創作活動を行ない、国内外から高い評価を得る。芸術選奨文部大臣新人賞を庭園デザイナーとして初受賞。ドイツ連邦共和国功労勲章功労十字小綬章を受章。また、2006年「ニューズウィーク」誌日本版にて「世界が尊敬する日本人100人」にも選出される。近年は執筆や講演活動も積極的に行なう。

主な著書に、『人生を好転させる掃除道』（三笠書房）、『仕事も人生もうまくいく整える力』『仕事も人間関係もうまくいく引きずらない力』『心配事の9割は起こらない』『小さな悟り』『上手な心の守り方』（以上、三笠書房《知的生きかた文庫》）などベストセラー・ロングセラーが多数ある。

知的生きかた文庫

仕事《しごと》も人間関係《にんげんかんけい》もうまくいく放《ほう》っておく力《ちから》

著　者　枡野《ますの》俊明《しゅんみょう》

発行者　押鐘太陽

発行所　株式会社三笠書房

〒一〇二-〇〇七二　東京都千代田区飯田橋三-三-一

電話〇三-五二二六-五七三四〈営業部〉

〇三-五二二六-五七三一〈編集部〉

https://www.mikasashobo.co.jp

印刷　誠宏印刷

製本　若林製本工場

ISBN978-4-8379-8719-2 C0130